트랩

조직의 발목을 잡는 32가지 착각

TRAP:32 Wrong Ideas Messing Up Your Oraganizaion

트랩

조직의 발목을 잡는 32가지 착각

TRAP : 32 Wrong Ideas Messing Up Your Oraganizaion

강재성 지음

이콘

프롤로그_ 당신의 착각은 조직에 치명적이다 _008

01 | 지금, 당신의 조직에 구멍이 뚫리고 있다

리더십, 이론대로 했는데 왜 제대로 안 되는 걸까? _016
리더십의 빈틈, 착각에 주목하라 _022

02 | 전략에 관한 착각의 트랩

나착각 과장의 이야기 1 _036
착각 01. 적은 규율이 창의적인 조직을 만든다? _039
착각 02. 세련된 비전이 열의를 고취시킨다? _047
착각 03. 완벽한 전략이 조직을 성장시킨다? _053
착각 04. 사람을 관리해야 전략이 실행된다? _060
착각 05. 핵심 인재 전략은 인사시스템을 통하면 된다? _064
착각 06. 전략 체계와 목표 공유는 별개의 활동이다? _069
착각 07. 역할을 벗어나지 않는 리더십 전략이 필요하다? _076
착각 08. 현재의 위치는 전략적인 리더로 인정받고 있음을 뜻한다? _082

32 WRONG IDEAS MESSIN

03 | 혁신에 관한 착각의 트랩

나착각 과장의 이야기 2 _092

착각 09. 과감한 혁신이 점진적 개선보다 효과적이다? _094

착각 10. 혁신의 포커스는 조직에 맞춰야 한다? _099

착각 11. 일사불란함이 혁신의 성패를 좌우한다? _106

착각 12. 조직은 거시적 관점에서 관리해야 한다? _114

착각 13. 고용해준 직장에 개인은 충성을 다해야 한다? _120

착각 14. 혁신에서 가장 중요한 것은 핵심 프로세스의 실행이다? _127

착각 15. 저항에는 단호히 대처해야 한다? _134

착각 16. 몰입은 구성원 스스로 하는 것이다? _141

UP YOUR ORAGANIZAION

04 | 신뢰에 관한 착각의 트랩

나착각 과장의 이야기 3 _150

착각 17. 개인차를 인정하면 조직 통솔이 어려워진다? _152

착각 18. 강점 강화가 약점 보완보다 좋다? _159

착각 19. 구성원들에게 잘해주면 신뢰 관계가 형성되기 쉽다? _166

착각 20. 신뢰 회복보다 신뢰 구축이 중요하다? _172

착각 21. 조직 내 갈등은 최대한 억제해야 한다? _178

착각 22. 비윤리적 의사결정의 책임은 조직이 진다? _183

착각 23. 최고의 일터는 조직 시스템으로 만들어진다? _189

32 WRONG IDEAS MESSIN

05 | 성과에 관한 착각의 트랩

나착각 과장의 이야기 4 _196

착각 24. 가치 창출보다 원가 절감이 성과 향상에 중요하다? _198

착각 25. 고객의 요구에 맞추면 고객 만족은 달성된다? _206

착각 26. 리더십 커뮤니케이션은 대인관계를 증진시키는 것이다? _211

착각 27. 일과 사람 모두를 중시하는 통합형 리더가 이상적이다? _219

착각 28. 리더십은 부하들을 관리하는 것이다? _227

착각 29. 코칭은 정례적으로 행해야 한다? _233

착각 30. 잘하는 일에 집중하게 해야 사기가 높아진다? _241

착각 31. 쌍방향적 관리 방식이 스마트한 성과를 낼 것이다? _249

착각 32. 훌륭한 리더십의 예를 벤치마킹해야 한다? _255

에필로그_ 울림과 향기를 가진 리더가 돼라 _260

UP YOUR ORAGANIZAION

프롤로그 당신의 착각은 조직에 치명적이다

흔히들 '착각은 자유'라고 한다. 착각은 '어떤 사물이나 사실을 실제와 다르게 지각하는 것'으로, 모르는 것을 안다고 믿거나 잘못 알고 있는 것을 제대로 알고 있다고 믿는 현상이다. 이는 현실성이 떨어지는 근거 없는 믿음이나 사람 혹은 상황에 대한 오해, 다른 사람들의 의견에 대한 별 생각 없는 동조 등으로 쉽게 나타난다. 또는 지각의 오류, 욕망의 착각, 이기심의 집착, 지식의 결여, 선입견과 조급증 등에 의해서도 착각에 빠지곤 한다. 착각에 빠지면 트랩에 걸린다. 트랩에 걸려든 리더들은 허구, 신화, 미망, 오류 등과 조직의 현실을 구분하기 어려워진다. 통찰과 직관으로 트랩을 뛰어넘어야 성공 리더의 대열에 오를 수 있다. 리더십 측면에서 보면 데카르트의 명제는 '나는 착각하지 않고 생각한다. 고로 리더로 존재할 수 있다'라고 수정해야 할지 모른다.

요즘 광화문 네거리에서 "팀장님!" 하고 부르면 절반의 사람들이 돌아본다는 우스갯소리가 있다. 팀장의 숫자만 해도 백만 명에 달한다고 하니 파트 리더, 임원, 경영자 등 리더의 역할을 맡고 있는 모든 이들을 모두 합치면 족히 수백만 명은 될 것 같다. 그런데 성과 창출을 위해 동분서주하는 그토록 많은 리더들에게 있어 '착각'처럼 위험한 요소도 없을 것이다.

　조직생활과 강의활동을 오래 해오다보니 리더십에 대해 과거에 가졌던 생각들이 현실과는 다르다는 것을 자주 느낀다. 리더십의 속설들을 받아들여 적용해도 예상대로 작동하지 않는 경우가 적지 않기 때문이다. '아, 그때 이런 생각을 했더라면 얼마나 좋았을까? 회사에서의 내 위상이 지금과는 달라졌음은 물론 사람들과의 관계도 이렇게 나빠지지는 않았을 텐데……' 하는 안타까운 후회를 우리는 얼마나 자주 하게 되는가? 어떤 때는 '경영이나 조직은 이러이러한 것이고, 리더십은 이러저러하게 행사하는 것'이라고 여겼던 것들이 현실과 너무나 거리가 먼 탓에 '혹시 내가 반대로 알고 있었나?' 하는 황당한 생각이 들기도 한다. 더 큰 리더십을 발휘해야 하는 위치에 오르고 나면 '왜 그것을 객관적으로 판단해보지 않았을까? 왜 선배들은 미리 얘기해주지 않고 이렇게 시행착오를 거치고 나서야 아쉬워하며 알게 하는 걸까?' 하는 탄식이 더 자주 들 것이다. 과거 직장생활을 찬란하게 장식했던 리더십의 허상들이 이제는 자취도 없이 사라지고 뻗쳐오르던 보람마저 서운하게 무너져버린다면 얼마나 안타깝고 허망한 일인가?

　대부분의 조직에서 연례적으로 인사가 발표된다. 인사발령의 결과는 개인의 업적과 능력, 상황 변수들이 작용한 것이지만 경쟁을 뚫고 리더십을 인정받은 승자들도 있고 탈락하거나 이탈하는 패자들도 있다. 승자들은 다른 경쟁자들보다 비교적 착각이 적거나 착각을 적기에 감지하고 이를 돌파한 사람들일 가능성이 높다. 사표를 던지고 사라져가는 사람들, 거듭되는 질책에 스트레스가 가득 쌓인 사람들, 상대적 박탈감과 회한에 젖어 자신의 억울함을 호소하는 사람들 중에는 리더십의 착각에서 빠져 나오지 못하고 있는 이들이 많다. 어느 조직, 어떤 일에서건 리더가 갖고 있는 착각의 폭이나 깊이는 리더십에 즉각적인 영향을 끼치고, 그 결과는 반드시 드러나기 마련이다. 고급 관리자나 경영자로 올라갈수록 조직은 리더의 작은 착각을 묵과하지 않는다. 착각의 함정에 빠져 어제와 같은 방식으로 허우적거리고 반발할수록 올무는 더 강하게 당신을 죄어올 것이다.

이것이 지금이라도 착각에 주목하고 리더십에서의 착각을 찾아 나서야 하는 이유다. 착각에서 벗어나지 않으면 다음 기회를 노릴 수 없기 때문이다. 착각을 벗어나는 데는 사고의 전환과 냉정한 현실 인식이 필요하다. 간혹 긍정적 착각이 자신에 대한 동기부여로 작용할 수도 있지만, 착각은 언제나 우리 주위에 도사리고 있다가 작은 빈틈이라도 보이면 곧바로 헤집고 들어오기에 한시도 경계심을 늦춰서는 안 된다. 시간이 지나면서 '지금 알게 된 것을 그때도 알았더라면' 하는 아쉬움과 함께 저절로 알게 되는 착각들도 있다. 경험이 적고 미숙할 때는 사소한 착각들이 허용될 수도 있겠지만 조직에서 리더의 위치에 있는 사람들에게 착각은 용납되지 않는다. 리더는 다른 사람과 조직에 막대한 영향을 끼치는 사람들이기 때문이다.

인터넷에 떠도는 착각에 대한 유머 중 일부를 옮겨본다.

◆ **엄마들의 착각** 우리 아이가 머리는 좋은데 공부를 안 해서 못하는 줄 안다. 우리 애는 착한데 친구를 잘못 만나서 삐뚤어진 줄 안다. 우리 애는 새로 배우는 것마다 재능이 매우 뛰어나다고 한다.

◆ **남자들의 착각** 여자가 싫다고 하면 다 튕기는 줄 안다. 못생긴 여자면 꼬시기 쉬운 줄 안다. 여자가 쳐다보면 호감 있는 줄 안다. 임자 없는 여자는 다 자기 여자가 될 수 있을 줄 안다. 솔직히 자기 정도면 괜찮은 남자인 줄 안다.

◆ **여자들의 착각** 남자가 자기한테 말을 걸어오면 작업하는 줄 안다. 남자가 같은 방향으로 가면 관심 있어서 따라오는 줄 안다. 어쩌다 셀카 사진 잘 나오면 자기가 예쁜 줄 안다.

그렇다면 리더가 빠지기 쉬운 착각을 표현해보면 어떻게 될까? 지금 인정받고 있어서 리더를 하고 있는 줄 안다. 완벽한 전략만이 중요한 줄 안다. 간섭 안 하면 창의적인 조직이 되는 줄 안다. 잘해주면 무조건 신뢰가 쌓일 줄 안다. 최종 책임은 조직이 져줄 줄 안다. 리더 자리에 영원히 있을 줄 안다…….

사실, 광활한 리더십의 바다에서 무조건 따라야 할 '최선의 유일한 리더십 원칙'은 없다. 일과 사람들이 난마처럼 얽혀 있고 갖가지 상황들이 변화무쌍하게 전개되는 리더십의 현장에서 보편타당한 만고불변의 법칙을 기대한다는 것은 너무 낭만적인 발상이다. 리더십도 우리가 사는 세상처럼 입체적이고 다중적이기 때문이다. 그러니 일하기도 바쁜 리더들이 리더십에 대한 속설을 맹목적으로 따르다가 착각에 빠지는 것은 지극히 자연스러운 일인지도 모른다. 물론 직접 착각을 겪은 뒤 얻는 통찰은 책에서 배우거나 주위들은 얘기보다 훨씬 강하다. 하지만 똑똑한 리더라고 자처하는 사람들이 치명적인 착각에 빠져 일을 그르치고 막다른 골목으로 내몰려 더 이상의 기회를 갖지 못하는 것은 슬픈 일이다.

현재 당신이 의사결정에 별 문제가 없고 착각과 거리가 멀다고 생각하고 있다면 점차 리더로서 당신이 점하는 위치가 위태로워질 수도 있다. '어! 그게 맞는 거야? 아…… 내가 착각한 거구나!' 하고 탄식할 때는 이미 늦은 것이다. 머리로는 착각을 지각해서 검증하고 몸으로는 새로운 관점을 적용하고 실행해야 한다. 객관성이 떨어지면 착각이 생기기 쉽다. 남들로부터 충분한 피드백을 못 받기 시작하면 착각의 기습에 노출되기 시작한 것과 같다. 설사 지금까지는 성공적으로 해왔다 해도 과거의 원칙만을 고수한 채 자기 점검과 각성이 없으면 착각에 허를 찔릴 수 있다. 조직은 리더의 착각에 대해 사전에 친절하게 알려주기보다는, 사후에 그에 관한 조직의 결정을 통보해버리는 데 더 익숙하다. 거듭된 착각의 결과는 리더로서의 사회적 입지를 흔들어놓는 파괴력을 가지고 있다.

내가 옳다고 믿었던 것이 착각으로 판명되면 얼굴이 화끈거리고 부끄러워진다. 화가 나고 후회가 몰려올 수도 있다. 물론 남들은 다른 이들에 대해 그다지 큰 관심이 없기 때문에 당신의 착각을 알아차리지 못할 수도 있다. 하지만 당신이 일반적인 직장인을 뛰어넘어 성공하는 리더가 되려면, 또는 경쟁자에게 역전의 빌미를 제공하지 않고 경쟁 우위를 지키려면 착각의 위협에 대응할 수 있어야 한다. 사람들은 당신이 착각을 각성하고 그로부터 빠져나오도록 나서서 알려주지도 않기 때문에 스스로 깨우쳐가야 한다. 명철한 판단력으로 지혜로운 리더십을 발휘하려면 착각의 바다를 유유히 헤엄쳐 나오는 유연성도 필요하다.

'트랩trap'이라는 단어는 '함정'을 뜻하지만 그와 동시에 '사다리'를 의미하기도 한다. 성공의 사다리 앞에는 대부분 그것을 가로막는 장애물이 존재한다. 골프의 해저드나 벙커, 러프도 그렇고, 프로의 세계에서도 테스트를 통과한 사람들만이 그들만의 리그를 누릴 수 있다. 짐승들이 새끼 중 살아남은 놈만 키우듯이 세상의 중요한 일에는 항상 난관이 동시에 존재하도록 세팅되어 있다. 리더십의 트랩을 슬기롭게 통과한 우성인자의 리더들만이 성공한 사람들의 리그에 들어갈 수 있다. 당신의 앞에 놓인 리더십의 트랩을 리더로서 경쟁력을 갖추기 위해 반드시 거쳐야만 하는 통과 의례로 받아들여라. 그리고 예리한 판단력과 남다른 용기로 트랩을 돌파하는 근성을 보여라.

이 책을 통해 리더십의 성패를 좌우하는 전략, 혁신, 신뢰, 성과의 네 가지 요소에서 리더들을 함정에 빠뜨리는 착각에 대해 객관적으로 토론해보고 리더십의 원칙을 새롭게 정립해가는 것은 나름대로의 의미가 있을 것이다. 리더십에 대한 성찰을 통해 리더들이 자신의 리더십을 새롭게 세팅하거나 차세대 리더들이 리더십에 대한 생각을 환기하는 것은 유쾌한 일이다. 조직의 중심축에 있는 리더들이 한계 상황들을 돌파하면서 '아하' 하고 느낀 통찰력은 바로 조직의 경쟁력뿐 아니라 국가 경쟁력과도 직결되기 때문이다.

트랩! 지금 당신이 가려고 하는 리더십 행로의 여기저기에 착각의 함정이 도사리고 있다. 리더십의 속설로 교묘히 위장한 채, 착각의 실체에 대해 누구도 미리 얘기해주지 않은 채로……. 그것들에 빠질 것인가, 아니면 그것들을 유유히 피해 성공가도를 달려나갈 것인가는 이제 당신에게 달려 있다.

지금, 당신의 조직에
구멍이 뚫리고 있다

리더십, 이론대로 했는데
왜 제대로 안 되는 걸까?

● 리더십 이론의 상당수는 현실과 다르다

중국을 중심으로 한 고대 동아시아의 사상사에는 제왕의 통치를 논할 때 '숭유내법崇儒內法'이라는 표현이 등장한다. 이는 겉으로는 인仁과 덕德을 들먹이면서 유교를 숭상하는 척하지만 안으로는 신상필벌信賞必罰 등 법가의 방법을 사용해서 엄격하게 통치해야 한다는 뜻이다.

리더십을 발휘함에 있어서도 이와 비슷한 양상이 일어난다. 리더가 표면적으로 천명하는 원칙과 실제 행사하는 기준이 다를 수 있기 때문이다. 문제는 바로 이 지점에서 현실과 괴리된 착각이 발생한다는 데 있다.

인간을 중요시하는 조직이라고 하면서 실제로는 결과 중심의 냉정한 조직 관리를 하거나, 창의적으로 운영한다면서 보수적이고 경직된 슈퍼 드라이 팀으로 만들거나, 많은 구성원들이 모였을 때 표방하는 내용과 개인별로 면담할 때의 내용에 큰 차이가 있는 경우들을 다수의 조직이나 리더들에게서 볼 수 있다.

빌 게이츠Bill Gates 마이크로소프트 전 회장에게 큰 영향을 준 것으로 알려진, 디지털 이큅먼트 컴퓨터사DEC의 창업자인 케네스 올슨Kenneth Olson이 자신의 삶의 지침이라고 소개했던 내용은 '최고의 가설은 어떤 보편적인 믿음도 틀렸다는 것'이었다. 하지만 늘 혁신을 강조하고 유연한 사고를 보여주었던 그도 1977년에 애플사가 개인용 컴퓨터를 출시하자 "개인적으로 내 집에 컴퓨터를 가지고 있을 필요는 전혀 없다"라고 말했다. 이 발언은 최고 컴퓨터 사업가의 의견이었기 때문에 당시의 상황에서는 받아들여질 수 있었지만 지금 판단해보면 전혀 사실과 다름을 알 수 있다. 이런 점에서 보면 착각은 무능한 리더들만이 범하는 것이 아니라 누구나 겪을 수 있는 일반적인 현상이라는 것이 분명하다. 그렇다면 왜 리더십의 착각에 빠지기 쉬운지, 왜 리더십 이론들은 현실과 차이를 보이는지 그 이유를 생각해보자.

◆ 착각은 마음속의 사고체계여서 쉽게 겉으로 드러나지 않기 때문에 리더가 자신의 착각을 인지하지 못하는 경우가 많다.

◆ 사람들은 시간 여유가 별로 없고 타인에 대한 관심도 적기 때문에 남의 착각에 대해 굳이 알려주려고 하지 않는다.

◆ 리더십은 그 범위가 너무 넓고 다면적이기에, 어떠한 착각도 하지 않고 리더십을 발휘한다는 것이 사실상 불가능하다.

◆ 모든 조직은 조직의 특성, 취급하는 제품이나 서비스의 종류, 구성원들, 리더십 적용의 메커니즘이 각기 다르기 때문에 보편 단일한 리더십의 기준을 제시하기가 어렵다.

◆ 리더십은 많은 요소들이 시스템적으로 작용되면서 발휘되는 것인데, 그 과정에서 화학적 결합에 의해 파생되는 새로운 변수들이 많아 결과 예측이 어려워진다.

◆ 리더들은 의사결정의 홍수 속에서 살아가기 때문에 리더십에 대해 고민할 시간이 적어 일반론이나 성공한 리더의 얘기에 쉽게 편승하곤 한다.

◆ 경영이나 리더십은 움직이는 학문이다. 사람의 생각이 변화하고 기술과 환경이 진화하기 때문에 매시간 절대적인 명제는 거의 없다. 어제의 진실이 내일의 착각이 될 수도 있고, 과거의 성공 법칙에 매달릴 때 착각이 더 심해질 수 있다.

◆ 각인각색의 주장이 혼재되어 있는 리더십 이론의 특성상, 단일한 결론이 제시되기는 어렵다. 또한 다양한 반대 논리들이 동시에 주장되므로 최적의 의견을 찾는 것 자체가 어렵다.

◆ 조직 구성원들은 정치적 우위와 권력, 각자의 이익을 추구하는 경향이 강하기 때문에 리더가 리더십을 깨우치도록 특별히 배려하지 않는다. 결국 스스로 부딪치면서 터득해야 하는데, 이 과정에서 대외적으로 표방하는 것과 근본적인 특성을 혼돈할 수 있다. 또한 리더마다 성품이나 스타일이 달라 자신의 특성에 맞는 리더십은 스스로 개발해야 하기 때문에 다른 사

람들로부터 피드백이 약할 경우 개인적인 착각에 빠지기 쉽다.

◆ 심리적으로 인지 부조화를 느끼지 않으면서 자기 위안이나 자기 합리화를 얻기 위해 착각을 은폐하거나 유지하고 싶어 하는 성향이 있다. 사람들은 자기성찰보다는 자기합리화에 더 집착하는 경향이 있다.

◆ 우리의 기존 교육 방식이 토론식보다는 주입식에 가까웠기 때문에 상황의 이면이나 다양성을 인정하지 못하고 당위론적, 흑백론적으로 판단해버리는 경향이 있다.

◆ 심한 경쟁 상황에서 살아남기 위해 투쟁하다보면 자기중심적인 사고가 강해지고 착각에 빠지기도 쉬워진다. 남이 못하면 성향 탓이지만 나의 잘못은 상황 탓으로 돌려버리기 때문에 착각을 성찰하지 못할 가능성이 있다.

◆ 일반적으로 리더들은 신선하고 실험적이고 창의적인 것보다는 검증된 실적과 과거의 경험, 단기적인 성과를 중시하게 된다. 그래서 혁신보다는 헌신, 분산보다는 집중, 반발보다는 순응, 변화보다는 안정을 추구하기 때문에 현재의 생각을 변화시키려는 의지가 약해 기존의 생각을 고수하게 된다.

◆ 리더십의 결과에 대한 주위의 평가가 각자의 경험이나 편견, 선호도에 따라 다르거나 유동적일 수 있기 때문에 최적인 리더십을 알아내기 어렵다.

◆ 리더의 성공은 통상적으로 과장되게 알려지지만 리더십의 실패 사례는 가급적 감추려고 하기 때문에 효과적인 리더십이 공유되기 어렵다.

◆ 리더들이 집중할 것이 많다보니 일에 매몰되어 주변의 변화를 알아차리기 어려워 상황판단의 착각에 빠질 수 있다.

◆ 착각은 누구나 겪는 일반적인 현상으로 흉이 된다고 보지 않기 때문에 별다른 경계나 적극적인 개선의 노력 없이 반복되는 경향이 있다. 왕자병이

나 공주병처럼 착각을 애교나 오버하는 이미지 차원으로 인식해서 재미 삼아 반복하다 고착화되는 경우가 생기기도 한다.

◆ 성격이나 행동 특성이 기존 질서를 존중하고 통용되는 해법을 쉽게 받아들여 고수하는 스타일일 경우 유연성이 떨어져 착각에 빠지기 쉽다.

◆ 태생적으로 발생하는 세대 차이, 경험 차이, 환경 차이, 지각 차이 등으로 인해 다양한 사람을 이끌어야 하는 리더십에 착각이 발생하기 쉽다.

● '완벽한 리더'가 아닌 '보다 나은 리더'를 지향해라

'완벽한 리더'가 되기 위해 리더들은 책을 읽거나 세미나에 참석하는 등 많은 정보를 찾지만, 사실 완벽한 리더란 존재할 수 없다. 조직마다, 또 그 구성원들마다의 특성이 있고, 각 리더들이 해결해야 할 과제나 그들에게 주어진 상황들 또한 다르기 때문이다. 때문에 언제 어디서나 통용되는 리더십이란 존재하지 않는다고 봐야 하고, 그렇기에 리더십 개발의 초점은 '완벽한 리더'가 아닌 '보다 나은 리더'가 되는 것에 맞춰져야 한다.

현대는 미세 차별화 시대다. 지금 경쟁하고 있는 대부분의 리더들도 어느 정도 기본기를 갖춘 상태에서 경영에 임하고 있기 때문에 짧은 시간에 큰 차이를 보여주기는 어렵다. 하지만 일주일에 한두 개 정도의 의사결정이나 판단만 잘해도 그것들이 쌓여가면서 다른 리더들과는 눈에 띄는 차이를 만들어낼 수 있다. 그러므로 '완벽한 리더가 되어야 한다'

는 강박관념에 빠지기보다는 리더십을 발휘해야 할 때 자신이 착각하고 있는 것은 없는지, 또는 다른 관점의 의견에 타당성은 없는지를 균형 있게 검증하면서 미세한 변화들을 만들어가는 것이 중요하다. 어제보다는 조금 나은 오늘의 리더십, 즉 조직의 상황과 직원들의 특성에 맞는 자신만의 맞춤형 리더십을 좀 더 정교하게 다듬어가고, 여러 요소 내에 잠복해 있는 착각의 함정에서 벗어나는 것이 강력한 리더십 구축을 위한 효과적이고도 현실적인 방법이다.

리더의 자리에 오른 사람들은 대부분 과거부터 쌓아온 성공의 원칙들을 가지고 있다. 하지만 그런 경험이 많이 누적되어 있을수록, 또 리더로서의 경험이 길수록 유연성이 현저히 떨어지는 것도 사실이다. 그리고 유연성이 빠져나간 빈자리에는 독불장군식의 원칙 고수나 착각의 완고함이 자리 잡기 쉽다. 그런 단점들을 극복하기 위해서는 '리더십은 주물처럼 결정체로 굳어진 것이 아니라 용액처럼 유동적인 것'임을 인식해야 한다. 그와 동시에 자신이 생각하는 리더십의 원칙들을 행동으로 옮기기 전에 혹시 착각하는 것은 없는지 한 번씩 되짚어보고 검증하며 피드백을 받는 일을 게을리하지 않아야 함은 물론이다.

리더십의 빈틈, 착각에 주목하라

● 리더의 성패, 네 가지가 좌우한다

리더십 발휘에서는 다양한 요소들이 고려되어야 하겠지만 그중에서도 특히 중요한 것들을 꼽으라면 전략, 혁신, 신뢰, 성과라는 네 가지를 들고 싶다. 이 요소들은 리더십의 거의 모든 항목들을 포함함과 동시에 성공한 리더의 노트에서 가장 많이 언급되는 요소들이기 때문이다.

'리더'라는 단어를 들으면 어떤 이미지가 연상되는가? 아마 제일 먼저 떠오르는 것은 다른 이들에게 방향을 제시하며 이끌어가는 전략가로서의 모습일 것이다. 그리고 어제보다 더 나은 조직을 만들어가는 데 있어 변화 혁신은 필수적이다. 하지만 리더의 영향력은 사람을 통해 발휘되는 것이므로 상호간의 신뢰가 바탕에 깔리지 않고서는 진정한 통솔이 어려워진다. 리더십의 결과를 가치 있는 성과로 보여주는 것 또한 프로페셔널한 리더의 모습이라 할 수 있다. 아무리 충실한 과정을 거쳤어도 그것이 성과까지 연결되지 못한다면 리더의 존재 의미를 퇴색시킬 것이기 때문이다.

사실 훌륭한 리더라면 이 네 가지 요소들을 모두 갖추는 것이 이상적이다. 그러나 리더도 인간이기에 그중에서 강점을 보이는 부분이 있는 반면, 착각에 빠짐으로써 약점이 되어버린 부분도 존재할 수밖에 없다. 따라서 보다 나은 리더가 되기 위해서는 위와 같은 네 가지 중요 요소에 관한 착각을 극복하려는 노력이 절대적으로 필요하다.

제1요소 : 전략

전략은 조직의 역량과 미래의 기회 사이에 최적의 징검다리를 놓는 활동이다. 동시에 부단히 변화하는 외부환경에 대응해서 조직의 나아갈 길을 안내하고 비전 달성을 위한 단계별 목표수준의 기울기를 제시하기도 한다. 전략적인 리더는 일반적으로 부하 직원들의 높은 기대를 받는다. 전략이야말로 위에서 아래로 내려오는 것이기 때문이다. 종종 전체 조직 차원이 아닌 단위 기능 조직 차원에서부터 전략이 입안되는 경우를 보곤 하는데 이것은 전략의 힘을 약화시키는 원인이 된다.

우리가 수행하는 경영과제들은 고유과제와 전략과제로 구성된다. 조직의 존재 이유에 해당하는 미션, 즉 역할과 사명에 따라 설정되는 것이

고유과제이고, 외부의 기회와 위협요인 및 내부 역량의 강약점에 의해 도출되는 것이 전략과제다. 다시 말해 전략과제는 '성장'을 추구하고 고유과제는 '생존'을 추구하는 성질을 가지는 것이다.

조직 역량을 향상시키는 방법과 가치를 획득하는 방법 등은 이 두 가지 과제의 비율을 조정함으로써 정해진다. 대부분의 조직에서는 효율 중심의 활동에 많은 시간을 투입하지만 전략적 활동의 비율을 높이지 않고서는 기업 체질을 장기적으로 강화시키기 어렵다. 전략은 중장기적 관점을 필요로 한다. 따라서 사업부문 차원의 중기적 전략이 설정되어 있지 않은데 당장의 이익만을 위해 단기적인 재무 성과에만 집착한다면 그 조직의 미래는 결코 밝지 않다. 그래서 우수 기업의 평가에서는 '균형 조직관리'가 강조되고 있는 것이다. 만일 어떤 고등학교 운동 감독이 올해 벌어질 경기를 위해 팀에서 기량이 뛰어난 선수들만을 선발, 집중적으로 훈련시킨 뒤 출전시켜 우승을 했다고 가정해보자. 그런데 그 선수들이 현재 모두 3학년생이라면 그들이 졸업한 뒤인 내년부터의 경기 결과가 올해와 같을 것이라고는 예상하기 힘들다.

전략은 최소한 중기적인 관점에서 추진되어야 하기 때문에 일관성이 있어야 한다. 해마다 새롭고 화려한 전략을 만들어 잔뜩 치장한 뒤 실행은 하지 않는 관행이 지배적인 조직이라면 전략의 의미가 없다. 리더십 팀에서 합의된 전략은 리더가 이끄는 조직의 일상적인 활동과 완전하게 연결되어야 한다. 다시 말해 계획을 수립하고 그것을 실행 및 평가하는 관리의 사이클과, 일간·주간·월간·분기·반기·연간·중기 계획 그리고 조직의 비즈니스 시스템이 하나로 통합, 관리되어야 한다는 뜻이다. 하지만 상황이라는 것은 처음 예상과 다르게 전개되기도 하기 때문에 통상적으로는 반기 정도의 단위로 전략을 수정하는 것이 적절하다.

여기에서 리더들이 기억해둬야 할 것이 하나 있다. 바로 리더의 무계획적이고 즉흥적인 지시가 전략을 무너뜨리는 가장 큰 이유 중 하나가 되기도 한다는 사실이다. 즉, 리더는 전략을 지키는 존재임과 동시에 그것을 무력화시킬 수 있는 존재이기도 하다.

전략은 방향을 바꾼다. 조직의 평소 활동에서 인풋input에 해당되는 개별적인 단위 활동들에 대한 관리를 줄이고, 프로세스의 개선 활동과 고객에게 결과물이 전달되는 아웃풋output 활동을 강화시켜야 한다. 최근 20여 년간 우리나라 금융시장에서 외국인들이 250조 원의 이익을 가져간 것도 전략과 역량에서 우리가 그들에게 뒤졌기 때문이다. 전략은 고객과 시장의 요구를 파악해서 내부의 반복적인 활동을 조정하는, 기존의 실무처리와 반대되는 관점을 필요로 한다. 이러한 전략적인 활동들을 주도하는 사람이 바로 리더이고 전략은 리더에서 비롯되는 활동이다. 그러므로 전략 수립이 리더의 가장 중요한 책임이자 의무라고 해도 과언이 아닐 것이다.

제2요소 : 혁신

혁신은 구성원 모두의 참여와 구체적인 활동을 통해 가시적인 변화를 함께 만들어가는 것이다. 전략이 설정되어 조직을 리드할 때 한시도 놓아서는 안 되는 끈이 바로 혁신이다. 모든 조직은 현재 상태를 유지시키려는 관성과 타성을 가지고 있기 마련인데, 이를 혁파하면서 조직에 긴장감과 개선된 성과를 이끌어내는 것이 혁신 리더십이다. 그렇기에 전략이 톱다운top-down 방식이라면 혁신은 보텀업bottom-up 방식이라 할 수 있고, 전략이 방향타라면 혁신은 구동륜에 해당한다고 볼 수 있다.

혁신은 구성원들의 참여를 통해 프로젝트 단위로 추진되는 경우가 많고 그 과정에서의 변화 관리가 중요한 활동이지만, 대부분의 조직에서 그 성공률은 매우 낮은 편이다. 혁신의 성공 확률을 높이려면 조직의 혁신 역량, 혁신 프로세스, 고객에게 전달되는 결과물, 최종적인 재무 가치의 네 가지 요소에 균형 있게 비중을 배분하여 관리해야 한다. 그런데 혁신이 성과를 내는 데는 생각보다 많은 시간이 필요하다. 통상적으로 운영 및 고객 관리 프로세스를 개선하는 데 1년여의 시간이 걸리고 제품이나 서비스의 혁신에는 2년 정도, 사회적 책임을 다하는 활동에는 그 이상의 기간이 소요된다고 한다. 그러므로 씨를 뿌리는 활동, 꽃을 피우는 활동, 열매를 수확하는 활동 등이 병렬적으로 추진되어야 한다.

리더는 먼저 자기 자신의 혁신을 부하 직원들에게 몸으로 보여주어야 하고, 그다음에는 맡고 있는 조직의 혁신을 이끌어야 한다. 이때 주의해야 할 것은 외부에서 아무리 많은 이들이 벌이는 혁신 활동이라 해도 자신의 조직과 연계성이 떨어지는 활동이라면 과감히 그것을 포기할 수 있어야 한다는 것이다.

리더가 혁신을 추진할 때에는 밑에서부터 올라가는 혁신 활동과 위에서부터 내려오는 전략 활동이 긴밀하게 연계되고 상호 보완적인 조화를 이룰 수 있도록 관리해야 한다.

제3요소 : 신뢰

신뢰는 사람을 움직이는 가장 중요한 동인動因이다. 각기 다른 사람들이 모여 팀워크를 이루고 조직의 목표을 달성해간다는 것은 결코 쉽지 않은 일인데, 신뢰를 쌓는다는 것은 더더욱 그러하다. 막연하게 리더가 사람들에게 잘해준다고 해서 신뢰가 형성되는 것은 아니기 때문이다. 전략, 혁신, 성과에 대한 리더의 정확한 인식이나 효과적인 활용이 없다면 신뢰 관계는 애당초 불가능할지도 모른다.

물론 전략적 방향 설정이 미숙하고 조직 내 혁신의 몸부림도 적으며 성과를 창출하지 못해 인정받지 못하는 리더라면 그를 신뢰할 부하들은 아마도 없을 것이다. 하지만 다른 요소들에 대한 감각이 아무리 뛰어나도 인간적인 매력이 느껴지지 않고 부하 직원과 상호 신뢰 관계도 형성하지 못한 리더라면 지속적인 성공을 기대하기는 어렵다.

인생관, 경험과 연륜, 세대적인 특징, 종교관과 이념관이 다른 사람들이 모여 상호 개성을 존중하면서 한 방향으로 결집시키는 '신뢰의 리더십'은 리더의 노력으로 만들어진다. 특히 신뢰에 대한 착각을 최대한 커버하고 인간에 대한 존중심과 인격적인 성숙을 지향하면서 원-윈의 상호 관계를 만들어가는 리더의 모습은 우리가 끝까지 추구해야 할 중요한 요소일 것이다.

제4요소 : 성과

사회라는 조직은 가족집단과는 다른 2차 이익집단이고, 그렇기에 선택 의지에 입각한 사람들의 수단적·타산적 측면이 강하게 드러나며 인위적인 사회적 계약에 의해 움직인다. 따라서 조직 내에서 리더의 역할을 부여받았다면 여기에 상응하는 성과를 내야 하는 책임을 갖게 된다. 성과 향상을 위해서는 당장에 드러나는 지표보다는 개인이나 조직의 역량이 축적되어 장기적이고 지속적인 경쟁력을 갖추는 데 초점이 맞춰져야 한다.

성과는 효과 및 효율 면에서 조직에 가치 있는 것을 만들어낸 결과물로, 관리 방법에 의해 촉진되거나 저해된다. 최근 들어 성과 관리는 개인의 역량과 업적에 대한 평가에 중점을 두던 과거의 방식에서 벗어나 조직의 전반적인 성과를 관리하는 목표 관리 활동으로 확대되고 있다.

성과 향상을 위해서는 우선 전략과 성과의 연계가 필요하다. 아무리 좋은 전략적 과제들이 도출되어도 이를 실행하게 하는 핵심 성과 지표가 없으면 아무도 그 과제들을 수행하지 않을 것이기 때문이다. 비전과 전략과 실행 계획들 모두에는 반드시 평가 기준이 있어야 하고, 새로운 전략이 설정되면 그에 따른 새로운 평가 지표도 개발해야 한다. 또한 학습과 성장을 촉진시키기 위해 어떤 요소들을 관리할 것인지도 결정해야 할 필요가 있다.

그와 함께 유의해야 할 점은 비전과 전략 등에 의한 조직 차원의 평가 기준과 개인의 목표 관리 활동이 하나로 연결되어 전략과 평가가 분리되지 않게 하는 것이다. 일반적인 관리자들은 평균적으로 20여 개의 핵심 성과 지표가 포함된 200여 개의 평가 지표를 관리하는데, 이는 성과의 측정뿐 아니라 경영 의사결정을 지원하는 계기판의 역할을 하기도 한다.

● 리더가 빠지기 쉬운 착각의 예

사람들은 누구나 자기가 갖고 있는 신념에 따라 행동한다. 그런데 때때로 신념 그 자체가 잘못되었거나 허상을 쫓는 경우, 또는 다른 측면을 보지 못할 때 착각이 일어난다. 리더십을 행사할 때는 특히 이러한 신화와 현실을 냉정하게 직시하는 시각이 절대적으로 요구된다. 리더들을 착각에 빠지게 하는 신화들은 대체로 다음과 같은 특징을 가지고 있다.

첫째, 신화는 보편적으로 많은 사람들이 믿는 것이다. 그렇기에 그것이 옳다고 믿고, 다른 사람들처럼 행동하는 것이 안전하다고 생각하는 현상이 발생한다. 둘째, 신화는 종종 '이것 혹은 저것'이라는 양자택일식으로 표현된다. 때문에 사람들은 저마다의 상황이 각각 다름에도 불구하고 모든 경우에 대해 똑같은 신화의 잣대를 적용, '제3의 대안은 있을 수 없다'는 흑백론과 같은 단정을 내리곤 한다. 셋째, 신화는 때로 다소의 참을 내포하는데 그것은 우리로 하여금 신화를 따르게끔 유인, 부분적인 참을 전체로 확대하게 한다. 넷째, 신화는 때로 우리가 하고 싶어 하는 행동을 합리화시키거나 어떤 행동을 하지 못하게 하는 것을 정당화시키기도 한다. 과거의 양반들이 자신들을 자립 능력이 없는 머슴들을 먹여주고 보호하는 자비로운 사람들로 간주했던 것도 이러한 예일 것이다. 다섯째, 거의 모든 사회에서 신화는 관습이나 제도를 통해 고상한 것으로 받아들여지는 경우가 많다. 따라서 사람들은 신화를 의문의 대상이 아닌, 관습적으로 받아들여야 하는 대상으로 여기게 된다는 부작용이 있다.

그렇다면 우리가 대부분의 일상을 보내는 경영의 현장에서는 어떠한 신화들이 리더의 행동을 지배하고 있는가? 그것들에 대해 리더들은 어떻게 사고하고 판단하고 있으며 그 근거는 무엇인가? 또 당신은 그런 것들에 구속되어왔는가, 아니면 경험과 숙고를 통해 새로운 의미를 부여하고 통찰력 있는 진실을 추구해왔는가? 이제 경영의 현장에서 현실과 반드시 맞지는 않는 착각의 신화들에 관해 생각해보자.

초우량 기업에 대한 착각

신화 1 위대한 아이디어는 위대한 회사에서 비롯된다.

신화 2 초우량 기업은 위대하고 카리스마적 비전이 있는 리더를 필요로 한다.

신화 3 성공적인 기업은 최고의 수익을 올리기 위한 조건들을 갖추고 있다.

신화 4 초우량 기업에서는 핵심 가치들이 공유되고 있다.

신화 5 초우량 기업에서 지속되는 유일한 것은 바로 변화 혁신이다.

신화 6 초우량 기업은 어떤 사람들에게도 일하기 좋은 회사다.

신화 7 성공적인 기업들은 전략 계획에 의해 최상의 의사결정을 한다.

신화 8 성공적인 기업들은 경쟁자를 제압하는 데 우선순위를 둔다.

신화 9 초우량 기업이 되기 위해서는 비전 설정을 먼저 해야 한다.

출처 : 짐 콜린스 외, 『성공하는 기업들의 8가지 습관 Built to last』

혁신에 대한 착각

신화 1 혁신은 치밀하게 계획되고 예측 가능한 것이다.

신화 2 창의성은 꿈이나 참신한 아이디어와 관련이 깊다.

신화 3 대형 프로젝트가 소형 프로젝트보다 더 많은 혁신을 가져온다.

신화 4 기술이 혁신의 핵심 요소다.

출처 : 피터 드러커, 『기업가 정신Innovation and entrepreneurship』

전략에 대한 착각

신화 1 산업 분석이 전략의 핵심이다.

신화 2 직접적인 경쟁자에 초점을 맞춰 전략을 실행해야 한다.

신화 3 전략 추진 시엔 주도적으로 사업의 방향을 통제해야 한다.

출처 : 게리 하멜, 「포천Fortune」1997년 6월 23일자 대담기사

경영자에 대한 착각

신화 1 경영자들은 사색적이고, 체계적인 기획자다.

신화 2 효과적인 경영자들은 일상업무는 적게 수행하고 있다.

신화 3 경영자들은 경영정보 시스템이 제공하는 공식적인 정보를 필요로 한다.

신화 4 경영은 점점 더 과학적이고 전문적이 되어가고 있다.

출처 : 헨리 민츠버그, 『리더십 : 변하지 않는 리더십의 원리와 기본 The Manager's Role』

기업가企業家에 대한 착각

신화 1 기업가는 사고를 하는 사람이라기보다는 행동하는 사람들이다.

신화 2 기업가는 타고난 것이지 만들어지는 것이 아니다.

신화 3 기업가는 발명가이거나 혁신가다.

신화 4 기업가는 계획, 평가 등 분석적인 것을 잘 모를수록 좋다.

신화 5 기업가는 그들의 첫 번째 시도에서 성공하는 사람들이다.

출처 : D.F. 쿠랏코 & R. M. 호제츠, 『Entrepreneurship: Contemporary Approach』

리더에 대한 착각

신화 1 리더는 위험 수용자다.

신화 2 리더는 변화를 관리한다.

신화 3 리더는 교육훈련을 통해 사람을 육성한다.

신화 4 리더는 제품의 품질을 강조한다.

신화 5 리더는 조직원들에게 동기를 부여한다.

신화 6 리더는 항상 컨센서스를 추구한다.

출처 : 리처드 벨링햄 & 배리 코헨, 『Leadership: Myth & Reality』

위의 내용들은 이미 속설로 받아들여졌지만 상당 부분에서 현실과 차이를 보여 논란이 되고 있는 명제들이다. 우리가 리더라면 조직을 관리할 때 잘 알려진 경영의 원칙들이 현실에서 제대로 작동하는지 의문을 가져보고 검증해보는 태도가 필요하다. 특히 리더십을 행사할 때에는 너무 쉽게 일반적인 가설들을 수용하면서 결론으로 비약해버리는 우를 범하지 않도록 경계해야 할 것이다.

● 리더의 착각이 팀원의 착각보다 더 위험한 이유

피터 드러커Peter Drucker는 "우리가 어떤 조직을 관리하든 그 차이는 10퍼센트에 불과하다"라고 말했다. 이것은 달리 말하면 우리가 어떤 사업이나 업종에 종사하든, 리더십을 행사할 때 공통적으로 적용할 수 있는 부분이 90퍼센트에 해당된다는 뜻이기도 하다.

한국의 직장인들은 살아가면서 평균적으로 5회 내외의 이직을 경험한다고 하는데, 그중 종종 전혀 다른 사업이나 조직으로 옮겨가는 이들도 있다. 업종을 불문하고 리더십의 내용이 전반적으로 크게 다르지 않다는 것은 이런 경우 매우 고무적이기도 하지만, 만일 그 리더십이 착각에 기반을 둔 것이라면 더 위험할 수도 있다. 리더십은 다른 조직에 가더라도 평생 동안 활용이 가능하고, 업그레이드가 용이할 뿐 아니라 직장·가정·사회의 모든 상황에 적용할 수 있는 핵심 스킬이기 때문이다. 게다가 리더는 조직을 이끄는 사람이고 많은 이들에게 영향력을 행사해 성과를 만들어야 하는 사람이다. 따라서 리더가 착각의 트랩에 빠져 있다면 조직적·사회적으로 치명적인 결과를 야기할 것은 분명하다.

리더십은 워낙 광대하고 다면적이어서 완벽한 리더십을 갖추기가 쉽지는 않다. 아무리 많은 강점을 가진 리더라고 해도 약점은 가지고 있고, 남들이 그것을 지적하는 것 또한 어렵지 않기 때문이다. 하지만 앞서 말했듯 착각에 빠지지 않고 보다 나은 리더가 되려고 노력하는 과정에서 자신만의 리더십이 만들어지고 성장할 수 있다. 그것을 위해서는 현재 자신이 잘못 생각하고 있는 것은 없는지부터 냉정하게 되돌아봐야 한다. 그런 의미에서 이후 2~4장에서는 전략, 혁신, 신뢰, 성과 등의 요소와 관련하여 리더가 빠지기 쉬운 여러 착각들을 다루려 하니, 잘 살펴보고 각자 발전의 기회로 삼았으면 한다.

성공을 꿈꾸는 리더들은 지금, 여기에서, 내가 적용할 수 있는 리더십 원칙들을 정립해서 각자의 리더십 스토리를 완성해나가야 한다. 착각을 뛰어넘어 자신만의 경험과 통찰력에 근거한 리더십을 확립하는 것은 모든 리더들의 의무이기 때문이다. 하지만 리더십을 너무 무겁고 난해한 대상으로 보지 말고 가급적 경쾌하게 접근했으면 한다. 낙관적이고 낙천적인 사고는 대부분의 훌륭한 리더들이 갖는 특징이기 때문이다.

자, 이제 경영에 대한 평면적인 시각과 리더십에 대한 단견들을 모범적으로 수용했던 '나착각 과장'의 얘기를 들어보자. 왜 아직도 나 과장이 조직에서 인정받지 못하고 있는지, 각각의 리더십 이슈들에 대한 리더 자신의 견해는 무엇인지를 생각하면서 리더십 여행을 계속해보자.

02

전략에 관한
착각의 트랩

나착각 과장의 이야기 1

국내 유수의 중견 기업에서 리더의 역할을 수행하고 있는 나착각 과장은 서울의 모 대학 경영학과 출신으로, 직장 경력은 이미 10년을 훌쩍 넘겼다. 대리 시절에 현재의 회사로 자리를 옮긴 그는 작년부터 다섯 명의 팀원을 이끌고 리더로 일하고 있다. 최근에는 서울 근교에 아파트를 장만해 내집 마련의 꿈을 이루었고 부인과의 사이에 1남 1녀를 두고 있는 한 집안의 가장이기도 하다.

나 과장이 다니고 있는 회사의 한성화 사장은 자수성가한 오너 경영자로 추진력이 매우 강한 편이고, 얼마 전 대기업에서 스카우트한 MBA 출신의 고비전 이사는 나이는 비슷하지만 매우 전략적이고 치밀한 직속 상사다.

최근 들어 나 과장은 여러 면에서 리더로서의 실적 부담을 점점 강하게 느끼고 있다. 3개월 전부터는 해외 프로젝트를 맡게 되어 남몰래 아침마다 영어학원까지 다니느라 정신이 없다. 요즘에는 직장인으로서의 경쟁력이 자꾸 떨어지고 있는 것 같은 불안한 느낌이 자주 들어 대학원 진학을 고민하고 있다. 하지만 시간적으로 가능할지 또 회사에서 이해해줄지 걱정이고, 아파트 대출금이나 아이 학원비 지출이 늘고 있어 학비 조달도 고민된다.

회사에서는 그동안 성실성을 인정받아 승진 인사에서 누락된 적이 없었고 비교적 빠른 시점에 리더의 위치에 오른 편이다. 그러나 최근 들어서는 동기들도 줄줄이 승진하고 신사업도 다양하게 전개되는 등 상황 변수가 많아지고 있다. 그간 조직에서 생활했던 경험을 살려서 보란 듯이 리더십을 발휘하고 싶은데 부하 직원들의 생각도 많이 다르고, 알고 있던 리더십의 방법들도 잘 적용되지 않아 딜레마에 종종 빠지곤 한다.

나 과장은 과거의 학교생활뿐 아니라 그동안의 직장생활도 모범적으로 해왔다고 자부하고 있다. 그리고 평소 학습도 게을리하지 않아 경영의 이론이나 방법에 대한 이해도 있는 편이다. 그런데 이전까지는 다른 사람들의 의견도 잘 받아들이고 평균 이상의 인사 평가도 받아왔던 것에 반해, 최근 들어서는 뭔가 상황이 심상치 않게 돌아가는 것 같다는 생각이 든다. 조직을 관리하는 것도 남들 하는 정도는 할 수 있다고 생각했지만 비판 없이 경영의 속설들을 적용하다 보니 자신의 스타일과 잘 맞지 않는 부분도 생기고 사람 관리, 일 관리 등 전반에서 꼬이는 느낌이 들기도 한다. 대체로 어느 정도는 일이 진척되지만 마무리 부분에서 격차가 생겨 목표가 달성되지 않는 경우가 잦아지자, 나 과장은 자신이 잘못 판단하고 있는 부분이 어떤 것들인지 전문가의 조언을 들어봐야겠다고 생각하기 시작했다.

나 과장의 상사인 고비전 이사는 얼마 전부터 '회사의 가치에 맞게 조직 분위기도 만들고 좀 더 전략적으로 일을 추진하라'는 지적을 회의석상에서 하기 시작했다. 국내외 기업의 사례들을 언급하면서 현장에서 통할 수 있는 계획을 세우라고 하기도 하고, 부하 직원들에게 명확한 방향을 제시해주라고 하는데, 뭘 어떻게 바꾸라는 건지 막막한 기분이 든다. 오히려 나 과장은 전략보다는 사람을 철저하게 관리하면서 팀의 전략은 구성원들과 협의해서 설정하고 있는데, 왜 리더가 주도적으로 전략 방향을 제시해줘야 한다는 것인지 이해되지 않는다.

지난번에는 팀의 비전을 만들어 제출하라는 상부의 지시가 있었다. 나 과장은 외부 우수사례들을 참고해서 만든 팀의 비전을 보고했는데 '팀의 특성이 반영되지 않은 상투적인 표현들이라 달성 의지를 느낄 수 없다'는 지적을 받으며 다시 작성하라는 통보를 받았다. 뿐만 아니라 연초에 전략 체계를 설정하는 것과 연중 목표 공유체계를 운영하고 평가하는 것은 독립된 별개의 활동임에도 불구하고 위에서는 '전략과 목표와 평가를 하나로 묶어서 관리하라'고 하니, 그 구체적인 방법을 도통 모르겠다.

그래도 나 과장은 자신에게 주어진 역할에 맞게 다른 사람들이 경계하지 않도록 전략적으로 리더십을 구사하고 있다고 자부하고 있고, 현재 리더의 위치를 유지하고 있는 것 자체가 전략적인 리더로 조직으로부터 인정받고 있는 증거라고 스스로 위로하고 있다. ●

·

·

T R A P !

착각 01 | 적은 규율이 창의적인 조직을 만든다?

[나착각 과장의 생각]

개인의 창의성과 자율성을 극대화시키려면 유연한 조직 운영이 필요하다.
따라서 형식적이고 고리타분한 조직 체계를 과감하게 타파하고 개인을
옭아매는 틀이나 룰이 없는 자유분방한 조직을 만드는 것이 급선무다.

● 조직은 이념과 철학을 공유할 때 발전한다

"좀 더 창의적인 아이디어 없어?"

"그것 말고 다른 방법은 없을까?"

"알아서 자율적으로 좀 움직여봐!"

요즘처럼 리더들이 새로운 그 무엇인가를 계속 요구받고 변화 강박증
에 빠져 있었던 시기는 없었던 것 같다. 팀장 이상의 직위를 부여받아 리
더의 위치에 있는 사람들은 자신이 이끄는 조직을 어떻게 하면 창의적이
고 자율적인 곳으로 만들 수 있는지를 늘 고민하기 마련이다.

그냥 직원들이 알아서 하도록 모든 것을 자유롭게 해주고 아무런 방해도 하지 않으면 되는 걸까? 최소한의 기준만 가진 채 직원들을 믿어주고 기다려주면 되는 건지, 아니면 확실하게 지시하고 개입해서 빨리 목표를 달성하도록 해야 할지를 결정하는 것은 쉬운 일이 아니다. 그렇다면 먼저 조직이 어떤 체계 하에서 움직이고 있는지를 생각해보자.

각 조직에는 그곳 나름의 이념 체계가 있다. 조직 체계의 최상단에는 그 조직이 왜 존재해야 하는지, 즉 어떤 목적에서 설립되었는지를 보여주는 미션이 자리 잡고 있다. 미션은 조직이 행하려 하는 사업의 본질이나 사명으로, 조직원들이 어떤 역할을 수행해야 하는지를 알려준다. 피터 드러커는 일찍이 미션에 대해 "모든 비즈니스는 위대한 미션으로부터 출발하며, 변화와 차이를 만드는 것이어야 한다"라고 강조했던 바 있다. S자물쇠사의 '우리는 좀 더 안전한 세상을 위해 매진합니다', M화장품사의 '무한한 아름다움의 기회를 제공하는 기업', D식품사의 '안전하고 편한 먹거리 제공' 등이 대표적인 미션의 예라 할 수 있다.

미션은 고객이·누구이며, 그들에게 어떤 제품과 서비스를 제공하고, 무엇이 차별화되어 있으며, 우리 조직이 왜 고객에게 필요한지를 설명할 수 있어야 한다. 미션은 현재 하고 있는 일보다는 역할과 사명을 수행하기 위한 본연의 활동을 제시하되, 창의성과 자율성의 여지도 주어야 한다. 예를 들어 화장실 청소원에게라면 '매 시간 청소를 한다'가 아닌, '화장실의 청결도를 유지한다'라는 미션을 설정해줌으로써 당사자가 스스로 혁신적인 아이디어를 낼 수 있도록 독려하는 것이다.

미션은 변하지 않는 고유과제들과 그것을 위한 프로세스, 관리 항목을 안내하는 역할을 하기 때문에 그 개별 항목들은 명확하고 구체적으로 정의되어야 한다. 모호한 미션은 각자의 역할에 의한 고유과제나 환경변화에 따른 전략과제들이 균형 있게 추진되기 어려움은 물론 자원배분이나 우선순위 설정에서도 혼선이 초래되기 때문이다. 경영이념은 바로 이러한 사명을 실현하기 위한 가치에 해당한다. L그룹의 경영이념인 '고객을 위한 가치 창조, 인간 중심의 경영', R호텔의 경영이념인 '우리는 신사 숙녀에게 봉사하는 신사 숙녀들이다' 등은 그 회사의 핵심적인 가치가 무엇인지 잘 보여주고 있다.

그러나 이러한 경영이념 설정 시 주의해야 할 점은 가슴에 와 닿지 않는 구호나 미사여구의 수준에 그치지 않아야 한다는 것이다. 구성원들에게 공유될 뿐만 아니라 일상적인 조직 활동에 스며드는 이념이어야 그 조직이 가지는 특유의 강점으로 발전할 수 있기 때문이다. 이런 점에서 필자가 강의차 방문했던 D중공업의 경영이념은 매력적일 뿐 아니라 잔잔한 감동까지 느끼게 한다. '고객은 우리의 스승이고, 품질은 우리의 자존심이며, 혁신은 우리의 생활이고, 인재는 우리의 보배다.'

● 규율은 구성원과 조직 모두에게 반드시 필요하다

경영이념이 실제 일상과 접목되기 위해서는 조직생활의 기준, 즉 행동규범이 필요하다. 사회 유지를 위해 법과 질서가 존재하듯이 각기 다른 생각을 가진 사람들이 모인 조직에도 규칙과 기준이 필요하다. 아무리 자율을 추구하더라도 최소한의 기준이 있어야 불필요한 개인 활동이 조절될 수 있기 때문이다. 창의적이고 자율적인 조직을 지향한다는 이유로 기준이나 절도도 없이 구성원 각자로 하여금 '알아서 하게' 하는 조직은 마치 인간성은 마냥 좋은데 성과는 별로 없는 사람과도 같다.

사람은 누구나 다르고 정보나 상황에 대한 이해도 각양각색인 탓에, 조직 차원의 기준 없이 구성원들을 방치하는 것은 오히려 혼란과 갈등을 초래할 가능성이 높다. 명시적이거나 암묵적인 행동규범은 자율적인 일처리를 방해하는 장애물이 아니다. 오히려 그와 반대로 에너지의 분산을 막음과 동시에 구성원들에게 '일할 만한 조직에 소속되어 유능한 리더 밑에서 일하고 있다'는 안정감을 주는 도구라고 하는 편이 옳다. 다시 말해 팀원들이 완벽하게 몰입하는 상태가 만들어지기 전에는, 이러한 규칙과 기준들이 곧 해당 조직의 리더가 어떻게 조직을 이끌지를 보여주는 이정표와도 같다는 것이다.

특히 조직이 늘 직면하게 되는 불확실한 경영위기 상황에서는 규율의 힘이 조직생존의 근간이 되기도 한다. 『성공하는 사람들의 7가지 습관 The 7 Habits of Highly Effective People』의 저자인 스티븐 코비Stephen Covey는 이런 의미에서 "규율은 실행이고, 비전을 실행하는 데 수반되는 희생이다. 규율은 구체화된 의지력이다. 규율 있는 사람만이 진정으로 자유롭다. 규율이 없는 사람은 기분, 취향, 열정의 노예가 된다"라고 말한 바 있다.

그렇다면 '조직의 행동규범'이란 어떠한 것이어야 할까? '규범'이라는 이름을 붙이는 만큼 그 내용은 추상적이거나 모호한 가치가 아닌 조직생활을 구성하는 구체적인 요소, 즉 휴가·출퇴근·회의·회식 등에 관한 기준이어야 한다. 어느 팀에서 합의해서 시행되고 있다는 팀 행동규범을 보자.

- 점심시간의 사무실 당번을 정해 확실하게 고객의 전화를 챙긴다.
- 업무시간에 사적인 일을 해야 할 때는 사전에 양해를 구한다.
- 자기 책상, 사무기기 주변은 각자 정리정돈한다.
- 외부에서의 점심값은 각자 부담한다.
- 해외출장 시 팀에 별도의 선물을 하지 않는다.
- 지각자는 직원들 퇴근 후 남아서 사무실 마무리를 하며, 퇴근시간은 업무 상황을 판단해 개인적으로 결정한다.
- 회의는 꼭 필요할 경우에만 소집해서 1시간 이내로 끝내고, 회의 자료는 반드시 회의 전에 전달하며, 회의 결과는 항상 공유한다.
- 자리를 비우는 사람은 외출부에 기록한다.
- 먼저 보는 사람이 먼저 인사한다.
- 휴가는 업무상황과 개인의 희망을 팀장과 협의해서 매월 계획적으로 시행한다.
- 회식은 팀내 합의에 의해 결정하고, 1차는 전원 참석, 2차는 참석한 사람들이 1/N로 계산, 3차는 가자고 주장한 사람이 가자마자 선불로 계산하고 마신다.

구성원들에게 안정감을 주는 것 외에도 조직의 행동규범이 필요한 또 다른 이유는 그것이 조직 전체의 비전 및 전략과도 관련이 있기 때문이다. 모든 조직은 지속적인 성장을 추구하기 때문에 일정 시간 이후 자신들의 모습인 비전을 설정하게 된다. 그리고 그것에 도달하기 위한 방안을 수립하는데 이것이 곧 전략에 해당된다. 당해년도의 목표는 이러한 전략에 따라 설정되고 그것은 다시 부문, 팀, 개인의 목표로 연계되어야 한다. 이러한 과정을 통해 조직은 일반적으로 미션·이념·행동규범, 비전·전략·목표가 어우러진 이념 체계를 갖추는 것이다.

그런데 이러한 체계가 전체적인 조직 차원에서만 갖춰져야 하는 것은 아니다. 팀장이라면 자신이 맡고 있는 팀의 체계 내에서 팀의 미션과 비전, 전략과 목표 및 팀이 추구하는 가치와 행동규범 등을 설정해 공표해야 발전적인 방향으로 팀을 이끌어갈 수 있다. 그런 관점에서 조직 구성원들 역시 각자의 사명, 가치관, 일상생활의 기준뿐 아니라 인생의 비전과 전략, 목표를 가져야 함은 물론이다.

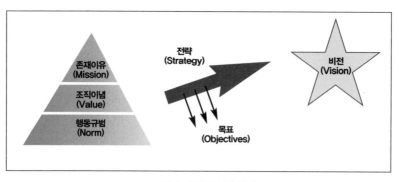

:: 그림 1. 조직의 이념 체계

● '우리 조직'의 유니폼을 입혀라

한 TV 프로그램에서 초등학생들을 대상으로 줄다리기 실험을 했다. 먼저 학생들을 세 개의 팀으로 나누어 줄다리기를 시킨 뒤 순위를 정했다. 그러고 나서 3등 팀의 학생들에게 모두 노란 체육복을 입힌 뒤 다시 시합을 진행했다. 그러자 놀랍게도 체육복을 입은 3등 팀이 1등을 했다. 한 집단이 공통의 목표나 가치를 위해 뭉치면 그에 속해 있는 개인들은 집단 정체성을 갖게 된다는 것을 알려주는 실험이었다.

정체성이 강해진 그룹의 개인은 자신이 가진 힘을 극대화해서 발휘한다. 동일한 목표나 가치가 공유되었을 경우에는 구성원 개개인이 자신의 힘을 집단 전체의 힘으로 인식하기 때문이다. 일반적으로 사람들은 개인 차원에서 심각한 문제가 발생하면 물질적·정신적으로 자신의 모든 노력을 다하지만, 집단의 문제에 대해서는 상대적으로 그렇지 않은 성향이 있다. 더구나 응집력이 떨어지는 집단에 소속되어 있다면 '나 하나쯤이야' 하면서 최소한의 힘조차 발휘하지 않기도 한다. 때문에 유니폼을 입는 것도 가치체계를 세팅하는 것과 마찬가지의 의미가 있다.

동해항에서 원양어선이 출발했는데 조금 가다가 에어컨과 히터가 고장 났다. 두 가지 모두 고칠 수 있다면 좋으련만 불행히도 둘 중 하나만 고칠 수 있는 상황이어서 사람들의 중지衆志를 모아 부랴부랴 에어컨을 수리했다. 그런데 고치고 나서 보니 그 배의 행선지는 에어컨이 전혀 필요 없는 북극이었다. 큰 목표와 목적이 공유되지 않았기에 벌어진 일이었다.

우리의 일상이나 조직생활에서도 이는 마찬가지다. 즉, 목적지가 제대로 설정되어 있지 않거나 혹은 설정되었어도 제대로 공유되지 않은 상태에서는 진행 과정 중의 의사결정이 완전히 어긋날 수 있다. 물론 우리가 조직, 팀, 개인의 이념 체계를 모두 세워야 할 필요는 없다. 하지만 이러한 틀을 이해하고 필요한 부분을 설정해서 구성원들과 공유하는 것은 리더십을 발휘하는 데 있어 효과적인 방법임을 기억해야 한다.

세련된 비전이
열의를 고취시킨다?

[나착각 과장의 생각]
요즘 유행하는 개념들이나 다른 조직의 것을 참고해서 좀 더 세련된 우리의
비전을 만들고 사무실에 걸어두면 팀원들의 목표의식도 높일 수 있고
상사도 리더인 나의 능력을 인정해줄 것이다.

● 중요한 것은 세련됨이 아닌 명확함이다

다음은 국내 기업들이 내걸고 있는 비전들인데, 먼저 한번 읽어보자.

■ 세계에 영감을 불어 넣고 미래를 창조한다. (2020 매출 $000억, 브랜드
   가치 Top 5)

■ 또 다른 성공 스토리의 창조 (2018년 매출 000조 달성)

■ 사람과 사업의 성공을 통한 세계 최고 수준의 글로벌 000그룹 실현

■ 모두가 선망하는 밸류 넘버원 00 (순이익 0조, 신사업/해외사업 00%,

취업 희망 1위)

- 건강, 즐거움, 편리를 창조하는 글로벌 0000기업

- 일등 00

- 아시아 탑10 글로벌 기업

- 글로벌 리더, 미래를 개척하는 000

- 세계 00업계를 선도하는 글로벌 기업

위의 것들 중 어떤 비전이 당신의 마음을 뛰게 하는가? 어떤 것이 일에 대한 의욕을 불러일으키고, 어떤 것에서는 그러한 마음이 별로 동하지 않는가? 그리고 그런 차이는 무엇 때문에 생기는 것일까?

이를 이해하기 위해서는 우선 비전의 정의와 기능부터 다시금 생각해볼 필요가 있다. 비전은 조직이 미래에 되고 싶은 모습을 표현한 것이다. 비전을 통해 조직의 방향이 제시되면 전략과제를 설정함과 동시에 구성원들의 에너지도 결집시킬 수 있다. 비전을 구성할 때는 조직의 현재 역량을 기반으로 하되 미래의 포부를 담아 도전적인 수준으로 설정하는 것이 효과적이다. 비전은 핵심 목적이나 가치가 슬로건처럼 표현되고, 비전이 달성된 미래의 형상이 구체적인 경영 목표로 제시되는 것이 좋다. 비전이나 전략은 그것이 달성되었을 때 나타날 화학적 통합의 모습을 참신하고 매력적으로 표현해야 한다. 그래야만 조직 구성원들의 성취동기를 불러일으키기 쉬워진다. 비전 프로젝트를 하고 나면 통상적으로 비전 선언문, 미래의 사업영역, 전략적 과제, 구체적인 조직관리 등이 공표된다.

많은 조직의 비전을 보면서 떠올랐던 몇 가지 궁금증이 있다. 우선 '비주얼이 선명한 비전인가'가 그것이다. 미래의 이미지가 모든 구성원들에게 명확하게 그려질수록 그 비전을 달성할 가능성이 높아지는 것은 분명하다. '초우량 ○○'처럼 막연하고 두루뭉술한 비전이라면 조직이 어디를 향해 가고 있으며 어떤 액션을 취해야 하는지를 구성원들에게 전달할 수 있겠는가? 아마도 사람들은 '초우량'의 의미가 무엇이고 그것을 위해 뭘 어떻게 해야 한다는 것인지를 몰라 혼란스러울 것이다.

더불어 비전을 바탕으로 한 미래의 모습을 그려볼 때, '와! 이렇게 되면 정말 좋겠는데……' 하는 가슴 뭉클함도 느껴지는지를 묻고 싶다. 가슴 뛰는 감동이 느껴지지 않는 비전의 달성을 위해 전력투구할 사람은 없을 것이고, 따라서 그 비전의 실현 가능성도 현저히 낮아질 것이기 때문이다.

또한 비전 설정에는 향후 그것의 실현을 위해 함께 노력하고 달성을 기뻐할 조직 구성원들이 참여해야 한다. 비전은 당장 내일의 목표가 아님은 물론 혼자서 추진할 과제 또한 더더욱 아니기 때문이다. 특정 프로젝트팀이나 전략기획팀 정도에서 알아서 작성한 뒤 밑의 조직에 내려준 비전이라면 전 구성원들의 공감대를 형성하기 어려울 것이다.

● 적정 수준의 비전보다는 야심찬 비전을 수립해라

1950년대 후반, 미국과 소련은 우주개발 분야에서 경쟁을 벌였다. 소련이 1957년 '스푸트니크 1호'를 발사해 미국보다 경쟁우위에 서게 된 직후, 당시 공산당 서기장이었던 흐루시초프는 유엔에서 "우리는 우주에 인공위성을 띄웠다. 그런데 그곳에 미국인들이 얘기하는 신은 없었다"라고 연설함으로써 미국인들의 자존심을 바닥으로 떨어뜨렸다. 그러자 1958년 미국은 미항공우주국NASA을 설립, 수학과 과학 교육을 대폭 강화하기 시작했다. 1961년 케네디 대통령은 일곱 명의 우주인을 선발해 제미니 계획Project Gemini을 발표하면서 '10년 안에 인간을 달에 보내겠다'는 계획을 공표했다.

당시 여론은 제미니 계획의 실현 가능성을 낮게 평가했다고 한다. 그 시기의 과학이나 컴퓨터 수준을 떠올려보면 이러한 반응은 당연한 것이었다. 직원들이 펜으로 품의서를 쓰고 타자기로 자료를 만들던 대기업 사무실에 컴퓨터가 도입된 것은 불과 1980년대 초반의 일이었다. 그러니 1960년대의 과학기술로 달 착륙 우주선을 발사한 것은 실로 획기적인 사건이었다.

1969년 7월 20일, 닐 암스트롱을 포함한 세 명의 우주인을 태운 아폴로 11호는 인류 역사의 새 장을 여는 달 착륙 장면을 지구로 송신했다. 착륙에 성공한 닐 암스트롱은 "오늘 나의 작은 발걸음이 인류에게는 위대한 도약의 첫걸음이 될 것이다"라 했고, 훗날 자신의 경험에 대해 "아름다웠다. 이미지를 그리며 연습한 그대로였다"라고 말했다. 이것은 곧 암스트롱이 비전 달성을 위해 평소 지속적으로 이미지 트레이닝을 해왔음을 의미한다.

이처럼 미래의 포부가 담긴 야심찬 비전은 전혀 다른 방식으로 사람들에게 동기를 부여하고 그것의 달성 가능성을 높인다. 그렇기에 비전을 설정할 때에는 현 상황에서 출발하는 '적정 수준의 목표'보다는 미래, 고객의 관점에서 보았을 때 최적인 안案을 택해야 하는 것이다.

● 거칠더라도 파워 있는 비전을 택해라

미국의 경영학자이자 경영컨설턴트인 짐 콜린스Jim Collins는 BHAG Big Hairy Audacious Goal를 강조했다. 이는 '마치 머리를 산발한 것처럼 정제되지 않은 대담한 목표는 전혀 다른 방식으로 목표를 달성하도록 우리를 자극한다'는 의미다.

매끄럽고 상투적인 표현들은 액자에 담아두기에 적당할지 모르지만 공허하고 반향이 느껴지지 않는 반면, 다소 거친 표현이라도 해당 조직의 구성원들이 그들만의 의미로 이해할 수 있는 비전은 강한 파워를 가진다. 지나치게 깔끔하고 다른 조직의 그것과 별로 다르지 않은 비전보다는 우리 조직에서 평소 사용하는 용어로 만들어진 당돌한 비전이 사람들을 분발하게 한다. 너무 담대한 내용이라 들으면 머리가 쭈뼛 설 정도의 비전이 오히려 실현 가능성을 높일 수 있다는 것이다. 하지만 이것은 입증되고 축적된 경험을 바탕으로 한 야심찬 비전이어야 한다는 뜻이지 결코 근거 없는 자만심을 표현하라는 뜻은 아니다.

비전은 현재의 연장선이 아니라 도전해서 쟁취할 미래의 모습이다. 목표 관리 활동에 있어서도 5~10퍼센트 정도만 상향된 목표는 구성원들로 하여금 기존의 방식 안에서 좀 더 노력함으로써 달성해보고 싶다는 마음을 갖게 한다. 반면 30퍼센트 이상 상향된 목표가 주어지면 전혀 새로운 방식을 고민하게 하고 결과적으로 의외의 성공을 거둘 수 있다. 물론 도전적인 수준을 너무나 크게 넘어서는 목표는 구성원들을 혼란스럽게 하고 지레 포기하게 만들 가능성이 크다. 때문에 비전은 구성원들을 자극하고 그들의 열망을 이끌어낼 만한, 비교적 높은 수준의 것으로 설정되어야 한다.

사실 모든 조직은 영속적인 성장을 추구한다. 그러나 조직 구성원들은 일정 기간 동안 조직에 기여한 후 그곳을 떠날 수밖에 없다. 비록 후배들이 이룰 비전이지만 함께 만들고 추진하다가 감동적인 결실을 후배들에게 남겨 놓고 떠나는 뒷모습은 멋진 영화의 엔딩 장면처럼 아름다울 것이다. 게다가 전체 조직의 비전과 단위 조직의 비전이 조화를 이루어 전 구성원이 비전 달성에 매진할 수 있다면 얼마나 행복할까? 다음의 질문들을 바탕으로 전체 조직의 비전뿐 아니라 리더로서 맡은 부문의 비전이나 리더 개인의 리더십 어젠다를 구상해보자.

- 내가 맡고 있는 부문이 1~2년 내에 달성하고자 하는 비전은 무엇인가?
- 전체 조직 차원의 사업 이슈와 관련하여 내가 맡은 부문의 미션은 무엇인가?
- 미션과 비전을 달성하는 데 장애요인으로는 어떤 것들이 예상되는가?
- 담당 부문의 미션과 비전을 달성하기 위한 리더십 어젠다는 무엇인가?
- 어젠다를 실행하기 위한 구체적인 실천 계획은 무엇인가?

[나착각 과장의 생각]
요즘처럼 어려운 환경 속에서 조직이 생존하고 성장하기 위해서는
질적으로 뛰어난 전략을 수립해야 하고, 사업부문과 팀의 전략, 일정 등을
모두 고려한 세밀한 전략 기획서도 마련해야 한다.

● 완벽함에 대한 집착을 버려라

스티븐 코비는 "한 방향 정렬은 끝없이 계속되는 과정이다. 변화하는
현실은 지속적인 변화를 요구한다. 시스템, 구조, 프로세스는 현실에 적
응할 수 있도록 유연해야 하지만, 변치 않는 원칙에 기초해야 한다. 유연
성과 불변성이 결합되었을 때 조직은 안정되고, 또 민첩해진다"라고 말
했다. 이는 다시 말해, 작은 부분까지 고려해서 세세하고 치밀하게 전략
을 세우는 것만이 옳은 것은 아니라는 것을 의미한다. 스티브 코비의 말
에서 우리가 특히 주목해야 하는 부분은 '유연성과 불변성이 결합되었

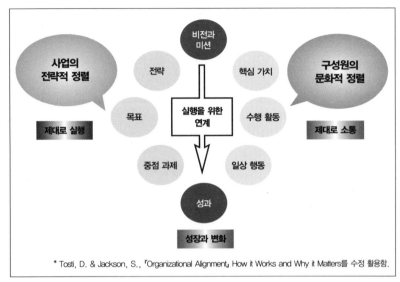

*Tosti, D. & Jackson, S., 「Organizational Alignment」 How it Works and Why it Matters를 수정 활용함.

:: 그림 2. 전략과 가치를 통한 조직 정렬

을 때 조직은 안정되고, 또 민첩해진다'는 것인데, 이의 이해를 위해서는 조직에 있어서 '가치'와 '전략'이 가지는 개념을 좀 더 자세히 살펴봐야 한다.

조직이 성과를 내기 위해서는 가치와 전략, 두 측면에서의 조직 정렬이 필요하다. 이 조직 정렬의 중심에는 해당 조직이 추구하는 미션과 비전이 자리 잡고 있다.

전략의 축은 미션과 비전에 따라 '무엇을 할 것인가?'를 규정하는 것으로, 전략-목표-중점 과제-성과로 연결되는 고리라 할 수 있다. 반면 '어떻게 할 것인가?'에 해당하는 가치의 축은 핵심 가치-수행 활동-일상 행동-성과로 연결되는 고리다. 이 두 개의 축이 상호 연계되어 톱니

트랩 : 조직의 발목을 잡는 32가지 착각

가 잘 물려 돌아가야 조직의 효과와 효율성을 높여 원하는 성과를 낼 수 있다.

위대한 회사가 일반적으로 좋은 회사와 다른 점은 '지킬 것과 바꿀 것이 얼마나 명확한가'의 여부로 판정되곤 한다. 외부 전문가들에게 의뢰, 많은 인력과 비용을 투입해 화려하고 완벽한 전략을 만드는 것보다는 조직 구성원들과 함께 70점짜리 전략이라도 만들고 실제로 실행할 수 있는 구조를 만들어 운영하는 것이 훨씬 효과적이다. 추상적이고 포괄적인 미사여구에 둘러싸인 전략은 모여서 멋지게 프레젠테이션을 하는 데 필요한 재료 그 이상이 될 수 없다. 각 사업부문의 리더들이 모여 자신들이 해야 할 일을 직접 정하고 합의한 상태에서 수립된 전략이어야 언제까지 무엇을 어떤 수준으로 할지가 명확해진다.

● 전략 수립보다 실행에 공들여라

회사의 가치에 영향을 미치는 가장 중요한 요소는 매출이나 수익과 같은 재무적인 요소일 것이다. 그러나 이러한 재무적인 지표는 조직의 비재무적인 요소들에 의해 상당 부분 영향을 받게 된다. 미국의 컨설팅 사인 언스트 앤드 영Ernst & Young은 회사의 가치에 영향을 미치는 다섯 가지 핵심적인 비재무적인 요소를 발표했다.

그중 다섯 번째는 '유능한 인력의 유치'다. 기존 직원들보다 우수한 인재들이 지속적으로 채용되면 조직에 새로운 바람을 일으키거나 긴장과 활력을 줄 수 있다. 유능한 인재의 확보와 동시에 고려해야 할 사항은 인재들이 이탈하지 않고 성장하게 하는 것이다.

네 번째 요소는 '혁신의 정도'인데, 이는 조직이 얼마나 변화하는 환경에 잘 대응하면서 혁신 프로세스를 추진하고 새로운 제품이나 서비스를 계속 개발하고 있는가에 해당한다. 고인 물처럼 변화가 적은 조직은 도태될 수밖에 없다. 일반적으로 '일하기 편한 회사'는 '좋은 회사'가 될 가능성이 매우 희박하다. 때문에 '일하기 편한 조직'이 되도록 방치해서는 절대로 안 된다.

세 번째 요소는 '전략의 질', 다시 말해 얼마나 고객이나 시장, 조직 역량에 맞게 수립된 전략인가 하는 것이다. 질적으로 우수한 전략은 한계 상황을 꿰뚫는 파괴력을 가짐은 물론 조직과 구성원들에게 방향을 제시하고 어려움을 극복하게 한다.

두 번째 요소는 '경영자의 신뢰성'이다. 구성원들이 조직을 이끄는 리더십을 신뢰하고 있지 않다면 자신들의 인생을 걸고 조직에 헌신하는 것이 불가능해진다. 투명하게 경영하면서 직원들을 아끼고 믿어주는 경영자의 존재는 직원들에게 일의 의미를 일깨워주는 훌륭한 구심점이 될 것이다.

가장 중요한 첫 번째 요소는 '전략의 실행'이다. 아무리 질적으로 우수한 전략이 수립되어 있어도 실행과 팔로업이 따르지 않는다면 탁상공론에 그치기 때문이다. 전략의 실행력이 떨어지면 나머지 네 요소가 작동할 수 없고, 이는 실적 악화의 악순환에 빠지게 한다. 미국 경제지 「포천Fortune」에 의하면 '효과적으로 전략을 수립한 회사 중 10퍼센트 미만

트랩 : 조직의 발목을 잡는 32가지 착각

의 곳만이 효과적으로 전략 실행을 관리하고 있다'고 한다. 더불어 '오늘날 리더의 95퍼센트가 옳은 말을 하지만, 그중 옳은 일을 실행에 옮기는 리더는 5퍼센트 정도에 불과하다'는 내용도 전략 실행의 부진이 얼마나 일반적인 현상인지를 보여주고 있다.

전략이 제대로 실행되려면 전략 기획, 현업 조직의 활동, 인사 평가가 하나로 연결되어 있어야 한다. 매년 하반기에 두세 달 작업해서 이전과 별다를 것 없이 세운 전략, 연간 사업계획을 확정하고 나면 잊히는 유통기한 3개월짜리 전략이라면 실행될 리가 만무하다. 또는 리더가 전략에 대한 인식도 없이 수시로 불필요한 지시나 보고 업무에 매달려야 하는 실무자 수준의 관리에 빠져 있거나, 일관성 없이 이랬다저랬다 하면서 수립된 전략들을 일회성 자료로 전락시키거나, 구성원들에게 명확한 방향을 제시하지 못하고 당장 눈앞의 일에만 매몰되어 있을 경우에도 전략의 실행은 요원할 것이다.

전략과제들은 구체적으로 표현되어야 한다. '글로벌화' '선진화' '고도화'처럼 막연하고 포괄적인 표현은 행동을 이끌어내기 어렵기 때문이다. 또한 전략과제에 대해서는 중장기적으로 조직의 역량이 축적되기를 기다리며 끈기 있는 투자가 이루어져야 하고, 그것을 제대로 실행했는지의 여부도 반드시 평가되어야 한다. 미래를 보는 성장전략은 당장 눈앞에 닥쳤기에 해야 하는 생존전략과는 달라야 한다. 생존전략과 성장전략의 비율이 9:1이었다면 그것을 8:2, 7:3으로 점차 늘리기 위해 노력해야 한다. 그렇지 않으면 그 조직의 미래를 기약할 수 없다. 지금 어려워 보이는 일들도 고객과 시장에 대한 중장기적 시각을 견지하며 다시 바라보면 변화를 예상할 수 있음은 물론 이해관계자들을 설득할 수도 있을 것이다. 조직의 역량이 축적되는 시간을 기다려줄 줄 아는 것도 전략적인 리더의 모습이다.

하지만 늘 전략적일 필요는 없다. 사업전략이나 연간 사업계획의 수립은 대부분의 조직에서 유사한 절차를 따르고 있다. 중요한 것은 조직의 현재 포지션이 어디인가를 먼저 정확히 파악한 다음, 미래의 기회를 포착하는 방법에 관한 전략을 설정해야 한다는 것이다.

이때 기억해야 할 것은 전략 수립 자체보다 '설정된 전략이 변화하는 상황에 맞게 얼마나 적절히 수정되고 있는가'가 더 중요하다는 점이다. 대체로 6개월 정도의 주기로 환경 변화에 따라 전략을 수정하는 것이 살아 있는 전략을 유지하는 방법이다. 만일 경영자나 구성원들이 사업의 상황을 암묵적으로 인지하고 있다면 연간 사업계획 없이 조직이 운영된다고 해도 큰 문제는 발생하지 않을 것이다. 그러나 환경이 지나치게 불확실한 상황이라면 시장의 추이를 지켜보면서 순발력 있게 대응하고 필요한 시점에 사업계획을 완성하는 것도 한 방법이 될 수 있다.

전략적이라는 것은 '어떻게 선견지명을 갖고 시장을 선점해서 기선을 제압할 것인가' 그리고 '제한된 경영자원을 고려해 어떻게 선택과 집중을 하고 우선순위를 설정해 성과를 만들어낼 것인가'를 고민하는 것이다. 그렇기에 정해진 일정이나 절차에 따라 기계적으로 작업이 진행되어야 할 이유는 전혀 없다. 관건은 '우리가 원하는 결과를 만들어내기 위해 어떻게 제대로 실행할 것인가'이기 때문이다. 하지만 전략이란 중장기적으로 개인과 조직의 역량을 개발하고 건강한 체질을 만들어 경쟁력

을 지속시킨다는 점, 그리고 전략은 리더가 설정하는 것이라는 점을 잊
지 말아야 한다.

사람을 관리해야 전략이 실행된다?

[나착각 과장의 생각]
전략 관리의 핵심은 사람 관리. 구성원들의 자의적으로 판단하지 않도록
항상 모니터링하고 세밀하게 방향을 제시해야 팀의 전략이 제대로 실행될 것이다.
리더십은 적극적으로 행사되어야 하며 드러나게 나서서
사람들을 이끄는 것이다.

● 전략과 지표를 관리해라

리더는 완장을 차고 거들먹거리며 권력을 행사하고 군림하는 존재가
아니다. 허장성세로 다른 사람들을 억압하거나 나대서는 리더로서의 성
과도 존경도 얻기 어렵다. 특히 현대의 조직사회에서 지나치게 권위적이
거나 개인들을 참견하고 통제해서는 조직원들의 반발을 불러일으킬 것
이 뻔하다.

그럼에도 불구하고 많은 리더들이 단순반복 업무를 확인하고 부하들
을 간섭하는 이유는 전략적인 세팅이 마련되어 있지 않기 때문인 경우가

많다. 전략적인 판단하에서 전략과제들이 설정되고 그것이 제대로 수행되는지를 평가하는 기준이 명확하다면 굳이 불필요한 사람 관리에 시간을 낭비할 필요가 없다.

전략과 성과, 목표가 제대로 관리된다면 핵심 평가 요소만 관리하고 평소에는 업무에서의 자율권을 줄 수 있다. 리더가 수시로 뚜렷한 기준 없이 지시하고 단순한 단위활동을 일일이 확인하는 이유는 전략 수립과 일상 업무, 성과 평가가 별개로 움직이기 때문이다. 업무 기준이 모호하면 부하들도 건건이 리더의 의중을 파악해야 하고, 리더도 세세하게 지도해야 하는 부담이 생기게 된다. 전략 방향과 평가 기준에 대해 서로 명확히 합의한다면 부하 직원들도 평가받는 일을 중심으로 행동의 우선순위를 설정하고 일관성 있게 업무에 임할 수 있으며, 리더도 모든 일을 챙겨야 하는 부담에서 벗어나 좀 더 차원 높은 고민의 시간을 가질 수 있다. 관리에 있어서의 우선순위는 전략, 성과와 목표, 그다음이 사람이다. 사람을 관리하는 법도 구성원들을 귀찮게 하는 간섭이 아니라 코칭과 동기부여를 통해 성장을 지원하는 형태로 이루어져야 한다.

● 리더십은 아무 소리도 내지 않는다

강의를 하면서 리더십의 정의에 대해 물어보면 백인백색의 답변을 들을 수 있다. 교과서적인 답변은 '조직의 목적을 달성하기 위해 일과 사람들에게 영향력을 행사하는 것' 정도지만, 사람들의 대답들은 '하고 싶게 만드는 영향력' '함께하면 즐겁고 곁에 머물고 싶게 하는 힘' '다른 사람들 안에 있는 위대함과 독특함을 알려주는 것' '매일 매일을 심오하고 오래 지속되는 가치와 연결시키는 것' '오늘 나의 선택이 10년 후 어떤 결과를 가져오는지 정확히 알려주는 것' '내가 세상을 변화시키기 위해 태어났음을 알게 하는 것' '어떤 상황에서도 흔들리지 않는 항상심을 지키는 것' '함께 일하는 사람이 원하는 목표를 향해 신들린 듯 끌려가게 하는 꿈' 등 매우 다양하게 표현된다. 이와 같이 리더십은 거대한 코끼리의 몸통 같아서 어느 부분을 보느냐에 따라 각기 다른 결과 향을 가진다. 그렇기에 리더라 해서 반드시 겉으로 드러나는 모습이 리더처럼 보여야 하는 것은 아닌 것 같다.

그런데 '모든 조직은 리더의 그릇만큼 성장한다'라는 말도 있다. 국가는 지도자의 그릇만큼 조직은 경영진의 그릇만큼, 팀은 팀장의 그릇만큼, 가정은 부부의 그릇만큼 성장하거나 정체 혹은 퇴보한다는 말이다. 리더의 가슴 속에 품은 열망과 에너지가 크고 넓어야 하는 것은 분명해 보인다.

보스턴 필하모니의 명지휘자인 벤저민 젠더Benjamin Zander는 "지휘자는 아무 소리도 내지 않는다"라고 말했다. 자신은 실제로 아무 소리를 내지 않지만 모든 단원들이 최상의 연주를 하고 하모니를 이루도록 이끄는 것이 지휘자의 역할이라는 것이다. '소리 없이 사람을 이끄는 예술', 이것은 지휘뿐만 아니라 리더십에 있어서도 마찬가지라 할 수 있다.

우리는 흔히 리더라면 드러나게 부하들을 지휘하고 새로운 방향을 제시하고 총기 있게 직장 일을 처리하면서 인정받는 사람이라고 생각하기 쉽다. 하지만 솔선수범하면서 사람을 배려하는 외유내강형 리더가 존경받는 경우도 많다. 짐 콜린스도 리더십의 발전 단계를 다섯 가지로 구분한 바 있다. 그에 의하면 1단계인 '능력이 뛰어난 개인', 2단계인 '합심하는 팀원', 3단계인 '역량 있는 관리자'와 4단계의 '유능한 리더'를 거쳐 5단계인 최상의 리더로 발전한 사람은 감탄할 만한 겸손함을 갖춤과 동시에 강한 직업적 의지까지 겸비한 리더십을 구사한다고 한다.

이러한 조용한 리더십은 개인적 겸양을 보이면서 떠벌리거나 자기 자랑을 하지 않고, 밖으로 향하는 더 높은 목적에 입각해서 차분히 사람들에게 동기를 부여한다. 앞에 나서지 않고 말수도 적을 뿐 아니라 조심스럽고 수줍어하기까지 하면서도 자신의 것이 아닌 회사의 야망을 이야기하고 후배들에게 성공의 기틀을 만들어주는 데 힘을 쏟는 겸손함을 갖는 것이다. 또한 성공했을 때는 그것을 자신의 공功이 아닌 회사나 외부 요인, 다른 사람들이나 행운의 덕으로 돌린다.

벤저민 젠더의 표현처럼 '리더십은 아무 소리도 내지 않는 것'인지도 모른다. 부하들이 경쟁력을 갖고 살아갈 수 있도록 세상과 인생과 일의 이치를 일깨워주고 열정을 불어넣는, 조용하지만 뛰어난 리더들을 보면 그것을 알 수 있다.

핵심 인재 전략은 인사시스템을 통하면 된다?

[나착각 과장의 생각]

차세대 리더를 육성하려면 핵심 인재를 선발한 후, 경영진과 인사부문과 연계해 계획적으로 경력 관리를 해줘야 한다. 리더를 육성하는 가장 좋은 방법은 인사제도와 교육 훈련이다.

● 상황 대응이 유연한 인재를 키워라

공식을 암기하고 정해진 매뉴얼에 의해 하나하나의 대응 행동을 익힌 모범생들은 개별적인 문제 상황에 닥치면 정해진 순서대로 차분하게 문제를 해결해낸다. 하지만 갑자기 여러 가지 문제가 동시에 나타나거나 두 개 이상 복합적으로 작용해서 새로운 양상을 보이거나 기존에 배웠던 범주를 벗어나는 일이 발생하면 상황이 정리되지 않아 혼돈에 빠져버리거나 자포자기해버리기 쉽다. 하지만 다양한 현실의 문제에 접하면서 교과서에는 없는 새로운 해결책들을 만들어 시도해왔던 실전형 인재라면 오히려 복잡한 문제들이나 복합적인 변수가 발생할 때 더 자신 있게 사태를 해결할 수 있을 것이다. 우리가 처하는 조직의 상황이란, 잔잔한 강위에서 타수의 지시에 따라 일사불란하게 노를 젓기만 하면 되는 조정경기가 아닌, 각자가 눈앞에 닥친 위험을 스스로 감지 및 판단하고 해결하면서 공동의 목적을 달성해야 하는 래프팅 경기에 가깝다. 때문에 상황대응이 유연한 인재가 아닐 경우 리더십을 발휘하기가 어려워진다.

많은 기업에서 지속적 성장과 조직 안정을 위해 차세대 인재 육성 제도를 운영하고 있다. 이는 핵심 인재 양성을 위한 정책을 수립해 타당한 선발 기준과 맞춤형 육성 체계를 설계하고 지원 시스템을 구축해 평가 관리하는 제도다. 인재와 리더에 대한 중요성이 갈수록 증대되고 있기 때문에 경영층이나 인사부문을 중심으로 차세대 리더들의 경력을 관리하고 인사교육적인 지원을 통해 리더십을 개발하는 것이다. 또한 '리더가 리더를 키운다Leader leads leaders'는 말처럼 핵심 경영자들이 직접 멘토가 되어 차세대 핵심 인재를 키우는 것도 인재 육성 제도에 포함된다.

그런데 어떤 기준을 충족한 사람들이 핵심 인재이고, 어떤 보상 기준이 적정하며, 어떻게 하면 경영 후계자로서의 리더십이 개발될 수 있는지에 대해서는 딜레마에 빠질 때가 많다. 그러다보니 경영자의 지원을 얻기 어려워지거나 운영상의 혼선이 발생하는 경우, 혹은 아예 제도 자체가 유명무실해지는 경우를 종종 보게 된다.

시장이나 고객의 환경은 늘 변화한다. 조직 역시 유기체처럼 진화하고 있고, 사업 간의 융합이나 기술 혁신의 속도도 따라잡기 어려울 지경이다. 또한 글로벌 환경하에서 외부 변수들이 과거와 다른 파괴력을 가지고 위기 상황을 일으키기도 한다. 이런 경우 조직의 모범생 같은 핵심 인재들이 발휘하는 정형적인 리더십으로는 적절히 대응하기가 어려워진다. 위기 시 요구되는 것은 유연한 사고, 도전 정신과 순발력으로 불확실한 한계 상황을 돌파하는 리더십이기 때문이다.

그렇기에 조직은 상상력과 호기심을 갖추고 야성과 의지를 바탕으로 문제와 직면해서 장애를 극복하는 실전형 리더를 키우고 확보해야 한다. 일반적으로 조직생활을 오래하면 할수록 사고의 유연성이 떨어지기 마련이다. 그러다보니 논리적이고 반듯한 온실형 인재보다는 마인드가 열려 있는 야전형 인재의 위기관리 능력이 점점 더 중요해지고 있다.

'모든 조직은 소수의 사람들이 지배한다'는 '과두제의 철칙'은 파워 엘리트로서의 탁월한 능력, 즉 판단력 · 결단력 · 선견력 · 통찰력 · 설득력 · 추진력 · 인내력 등 수많은 역량 요소를 갖춘 인재를 필요로 한다. 그러나 핵심 인재를 선발할 때는 리더십의 이 모든 역량을 골고루 갖춘 팔방미인형 인물보다는 해당 조직에 적합하고 불확실한 상황 대응에 유연한 리더십 역량을 지닌 인물을 중심으로 기준이 조정되어야 할 필요가 있다.

● 시련을 통한 성장이 최상의 육성법이다

다음 그림은 미국의 창조리더십센터CCL에서 리더십의 학습 경로에 대해 실시한 설문조사 결과를 나타낸 것이다. 이에 따르면 사람들의 답변으

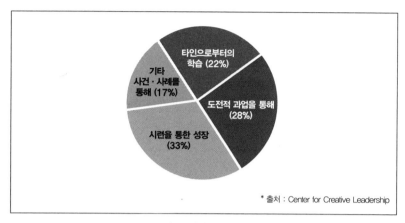

* 출처 : Center for Creative Leadership

:: 그림 3. 리더십의 학습 경로

로는 '여러 가지 사건을 통해서(17%)', '다른 사람들을 통해서(22%)', '도전적인 과제를 통해서(28%)' 등 여러 가지가 도출되었는데, 그중 가장 높은 비율을 보인 응답은 '시련을 통해서(33%)'였다.

핵심 인재의 육성법으로는 인사제도, 교육 훈련, 경력 개발 등 다양한 것들이 있지만, 과거 L그룹의 핵심 인재 프로젝트에서 경영자를 육성하기 위한 가장 중요한 방법으로 결론내린 것은 '시련을 통한 성장'이었다. 이는 어려운 과업과 역경을 이겨내면서 스스로 얻게 되는 각성이 리더십의 개발에 절대적이라는 의미다. 인생에 있어서도 어려움을 이겨내고 스스로 깨우친 교훈이 가장 값진 가치였음을 생각해보면 수긍이 가는 이야기다.

책에서 가르쳐주거나 남들로부터 들은 얘기는 내가 겪은 경험보다 파괴력이 약할 수밖에 없다. 반면 스스로 고통스럽게 체득한 가치나 각성의 힘은 대단히 강력하다. 기업인들을 봐도 경영 수업을 잘 받은 2세 경영자가 자수성가형 기업가의 파워를 따르지 못하는 경우가 많다. 타고난 천재성으로 성공할 수도 있지만, 뼈를 깎는 고통과 통한의 눈물을 거친 투박한 인재들이 자생력이나 응용력 등의 면모에서 더 뛰어날 가능성이 높기 때문이다.

천하비경 홍도의 깎아지는 듯한 절벽에 자리 잡고 있는 그림 같은 소나무는 그 척박한 바위산을 뚫고 나왔기에 분재와 같은 아름다운 자태를 뽐내고 있다. 눈물 젖은 빵을 먹어봐야 인생을 알게 되고 아픈 만큼 성숙해진다는 세상의 진리는 리더십 개발에도 그대로 적용될 수 있다. 혹, 지금 당신의 앞에 심각한 상황이나 막막한 과제가 놓여 있다면, 그것이 자신의 리더십을 강화시키고 미래의 성공을 예약하는 선물이라고 여기는 것은 어떨까?

착각 06 전략 체계와 목표 공유는 별개의 활동이다?

[나착각 과장의 생각]

나는 팀의 리더로서 평소 팀 목표의 공유를 강조함과 동시에 우리 팀이 조직에
어떻게 공헌해야 하는지를 주지시켜왔기 때문에 우리 팀의 목표는 완전히
공유되어 있다. 목표가 공유되면 성과는 자연히 따라오고,
이는 전략 체계의 관리와는 별개의 활동이다.

● 팀 목표가 공유되고 있다는 생각은 오해다

어느 조직에서건 전 구성원이 조직의 목표를 공유한다는 것은 결코
쉬운 일이 아니다. 1990년대 전설처럼 전해지는 모 대학의 농구감독이
작전 타임 때 선수들에게 지시했다는 작전이 화제에 오른 적이 있다.

■ **작전 하나** (종료는 얼마 남지 않았고 한 골 차로 뒤지고 있는 긴박한 순
간, 경기를 역전시킬 수도 있는 마지막 공격 찬스 직전의 상황에서) "잘 들
어. 이번이 마지막 공격이야. 이번에 슛을 성공시키면 우리가 이기는 거고

그렇지 않으면 우리가 지는 거야. 내 말 무슨 뜻인지 알겠어?"

- ■ **작전 둘** (약간 성질을 내며) "지금 너희는 안 되고 있는 게 딱 두 가지가 있어. 그 두 가지가 뭔지 알아? 디펜스랑 오펜스야. 알았어? 자, 힘내고…… 그 두 가지만 제대로 해봐, 응?"

- ■ **작전 셋** (3점 차로 뒤지고 있는 상황. 마지막 공격 때 한 선수가 부저와 함께 3점슛을 던졌으나 상대팀 파울로, 공은 안 들어갔지만 자유투 세 개를 얻은 상태에서 감독이 작전타임을 요청했다. 남은 시간은 4초!) "(어깨에 손을 얹으며) ○○아, 잘 들어라……. 세 개 다 넣어. 알았지?"

- ■ **작전 넷** (타임아웃 시간. 선수들을 불러 모은 감독은 오랜만에 작전 시트를 그리며 지시를 내린다. 감독은 큰 동그라미 하나를, 이어 그 옆에 타원 하나를 그렸다.) "자, 잘 봐. (큰 동그라미를 가리키며) 이게 공이야. 오케이? (타원을 가리키며) 자, 이건 림이야. (큰 동그라미에서 림 안으로 화살표를 죽 그리며) 넣어! 알았어?"

물론 그 감독이 지휘하던 팀의 성적이 나쁘지 않았고, 작전 타임에는 경기의 흐름을 조절하는 효과도 있는 것이 사실이다. 또한 평소 충분한 훈련이 이루어졌다면 실전에서는 선수들이 눈빛만으로도 의사를 전달하고 상대를 이해할 수 있다. 그러나 전략과 지시를 내릴 때에는 구성원들로 하여금 무엇을, 어떻게, 왜 해야 하는가를 명확히 공유하게 해야 한다. 그래야만 각자가 알아서 자신의 역할을 수행할 수 있기 때문이다.

환경 분석을 거쳐 전략적 이슈가 추출되고 사업계획이 수립되면 폭포수가 흘러내리듯 전 조직, 부문, 팀, 개인으로 목표가 이어져 내려오게 된다. 목표 관리는 목표 설정과 성과 리뷰를 거치면서 조직의 목표 기대와 개인의 목표 달성 사이의 간극을 어떻게 메워갈 것인가를 관리하는 활동이다. 미국의 해리스 인터랙티브Harris Interactive사가 조사한 설문 결과를 보면, 조직 구성원의 37퍼센트만이 조직이 무엇을, 왜 달성하려고 하는지 분명하게 알고 있고, 다섯 명 가운데 한 명만이 팀과 조직의 목표에 대해 열의를 갖고 있으며, 단지 13퍼센트만이 서로 신뢰 및 협력하고 있다고 한다.

보통 리더들은 조직의 상황과 목표를 직원들에게 충분히 설명했다고 믿는 경향이 있지만 실제 부하들이 느끼는 것과는 차이가 크다. 그런데 목표 설정 시 부하 직원들과 충분한 논의를 거치는 경우와 리더가 일방적으로 할당하는 경우에 따라 결과는 다르고, 목표의 난이도나 목표 관리 프로세스에 의해서도 공유 수준에 차이가 있을 수 있다. 그러므로 '우리 팀에서는 목표가 공유되고 있다'는 리더의 생각은 현실과 다른 오해일 가능성이 높다. 목표 공유는 의도적, 계획적으로 관리하지 않으면 좀처럼 격차를 줄이기 어려운 과제이기 때문이다.

따라서 정기적인 인사 면담이나 목표 합의를 위한 미팅뿐 아니라 일상적인 리더십 커뮤니케이션, 코칭을 통해 목표 인식의 간극을 줄여가야 한다. 수시로 팀의 목표가 회사의 목표에 얼마나 기여하고 있는지, 현재 팀의 목표 달성 수준은 어떠한지를 알려야 하고, 개별 면담을 할 때는 개인들의 고유과제와 전략과제를 우선순위에 따라 작성해오도록 해서 리더가 생각하는 우선순위와 그것이 일치하는지 점검해야 한다. 팀장은 팀의 목표 달성에 각 개인들의 목표가 어떻게 공헌하고 있는지를 알려주

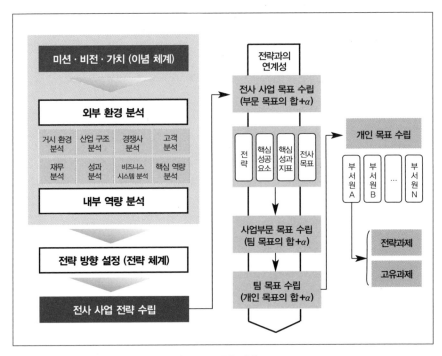

:: 그림 4. 목표 공유 체계

고, 합의에 의해 구성원들의 업무과제들이 설정되어야 목표가 공유되어

추진력을 가질 수 있다.

　목표 공유 체계는 미션과 비전, 가치로 대표되는 조직의 이념 체계에

서 출발한다. 이러한 이념 체계를 가진 조직이 외부의 환경과 내부의 역

량을 분석하면 전략 체계가 구성된다. 전략 체계하에서 당해년도의 사업

전략이 설정되면 전사 사업 목표가 수립된다. 전사 사업 목표에는 세부

실행 전략, 사업의 성공 요소, 핵심 성과 지표, 전사 목표가 포함되고, 이

를 역할과 기능별로 배분하고 합의해서 사업부문의 목표와 팀 목표가 확

정된다.

팀의 목표에는 사명과 역할에 의한 고유과제와 당해년도 전략 실행을 위한 전략과제가 포함되어 있으며, 팀 리더의 주도하에 개인별 목표가 설정된다. 그런데 개인들의 목표, 팀의 목표, 부문의 목표, 전사 목표의 연계 고리 안에는 구성원들이 합심해서 만들어내는 플러스알파(+α)의 조직 시너지가 포함되어 있어야 한다. 이렇게 목표를 공유하는 체계는 전체 조직을 하나로 정렬, 통합시켜 다이내믹하게 작용하게 함과 동시에, 구성원들의 참여와 헌신에 의해 목표가 완수되어 조직 성장과 구성원의 보람으로 이어지게 하는 경영 활동의 구심체가 되는 것이다.

● 성과 지표가 핵심이다

사무실에서 일하고 있는데 상사가 "잠깐 얘기 좀 할까?" 한다면 어느 정도의 시간을 예상해야 할까? "잠시 후 전화 드리겠습니다." 전화상으로 이 얘기를 듣고 나면 얼마의 시간을 기다려야 할까? "금방 갈게"라고 누군가에게 말한 뒤에 당신은 얼마나 있다가 움직이는가? "퇴근길에 잠시 한잔 할까?"라는 말을 듣는다면 어느 정도 길이의 술자리를 예상하게 되는가?

위 예문들에 등장한 '잠시 후' '잠깐' '금방' '잠시' 등은 비슷한 단어들이지만 어느 조사 결과에 의하면 각각 15분, 31분, 33분, 1시간 54분의 시간이 걸린다고 한다. 우리에게는 명확하고 정량적인 기준보다는 각자 다른 두루뭉술한 기준으로 소통하는 문화적 습성이 있다고 해도 틀린 말이 아닐 것이다. 그러다보니 직장에서도 전략은 추상적인 미사여구로 매년 말 비슷하게 세우고, 목표는 늘 쓰던 지표를 약간 높여서 정하며, 일은 늘 하던 업무의 반복을 벗어나지 못하고, 평가는 또 별개의 이벤트처럼 치르는 것이 일반적이다.

우리는 성과 지표를 보고 일한다. 성과 지표가 없거나 평가 받지 않는 일은 우선순위에서 밀리다가 슬그머니 사라져버린다. 전략을 세우면 개개의 전략의 수행 여부를 무엇으로 평가할 것인지 성과 관리가 이루어져야 하고, 만일 그 전략이 새로운 것이라면 새로운 지표를 개발해야 한다. '노사관계 개선'이라는 전략이 있다면 노사관계 개선지수를 만들어 어떤 성과가 있었는지를 확인할 수 있어야 한다는 뜻이다. 이 지수는 노사 문제로 인한 손실 근로일수나 노사합의 건수, 관계개선을 위한 접촉 횟수 등 해당 조직에 맞는 지표들을 가중치를 주어 만들어야 한다. 과거 S 그룹에서는 명품의 기준을 '월드 와이드(최다 판매)' '월드 퍼스트(최초 개발)' '월드 베스트(최고 품질)'로 정하고 그 조건의 충족 정도를 평가 기준으로 삼기도 했다.

미션에서 나오는 고유과제와 전략으로부터 나오는 전략과제를 위한 성과 지표도 있어야 한다. 성과 지표는 전략적 의사결정을 지원하고 성과에 대한 책임소재를 명확하게 할 뿐 아니라 미래를 예측할 수 있는 정보도 제공한다. 그렇기 때문에 타당성·신뢰성·방향성 등을 고려하여 수립해야 하고 측정이나 통제가 가능할 뿐 아니라 수집이 용이하고 행동을 유발할 수 있어야 한다.

트랩 : 조직의 발목을 잡는 32가지 착각

더불어 선행 및 후행지표에 대한 유관부문과의 합의도 있어야 한다. 지표가 설정되면 그것의 특성, 산출 공식, 평가 주기, 수집 방법 등을 통해 지표의 정의를 명확히 하고, 각 해당 과제들은 어느 부문에서 주관하고, 실행할 것인지 등 역할과 책임을 분명히 해야 한다.

이후 각 부문에서는 구성원 각자의 역할에 따라 목표의 가중치를 정하고 세부적인 평가의 기준을 세우도록 한다. 필요하다면 평가 시 가점, 감점 항목과 필요 역량이나 육성계획까지 개인별 평가 양식에 추가할 수 있다. 이러한 목표 설정 작업을 진행하고 나서 리더는 평가주기를 고려해 목표 달성 여부에 대한 명확한 피드백과 코칭 활동을 수행하게 된다. 이러한 과정을 거쳐야만 목표의 공유와 달성이 가능해지고 리더십의 성과까지 기대해볼 수 있다.

역할을 벗어나지 않는 리더십 전략이 필요하다?

[나착각 과장의 생각]
리더는 조직으로부터 부여받은 역할과 책임에 따라 행동하는 존재이므로,
리더로서의 적절한 입지 구축을 위해서는 주어진 상황과 역할 내에서
리더십 전략을 구사해야 한다.

● 차 상위 리더의 관점을 가져라

"난 권한은 없고 책임만 있어. 부하들에게 줄 당근과 채찍이 하나도
없는데 뭘로 조직을 이끌겠어?"

"리더는 조직에서 총알받이거나 동네북이 될 수밖에 없어."

"밑에선 치고 올라오고, 위에선 누르고, 옆에선 딴지 걸고, 집에서도
외톨이고. 리더는 외로워!"

강연을 하다보면 많은 리더들로부터 위와 같은 하소연을 쉽게 들을
수 있다. 당신은 조직에서 리더로서 어떤 역할을 하고 있는지 자문해보

자. 중간 관리자인가? 경영진의 심부름꾼 수준인가? 어떤 권한을 가지고 무엇을 책임지고 있는가? 그리고 상사와 부하들은 리더를 어떤 시각으로 보고 있는가?

그다음, 조직의 중심축은 누구인지에 대해서도 생각해보자. 오너 경영자인가? 촉망 받는 신입사원들인가? 리더 역할을 갖고 있지 않은, 종종 리더보다 나이가 더 많은 매니저 집단인가? 신입사원은 조직 경험이 너무 적고 경영자는 구성원들과 너무 멀리 떨어져 있다. 리더가 아닌 관리자들은 권한도, 책임도, 따르는 사람들도 적다. 그렇다면 누구를 중심으로 조직이 운영되어야 하는가는 자명해진다.

대단한 권한을 부여받아 부하들을 좌지우지할 수 있는 영향력을 가지고 있다고 말하기는 어렵겠지만 가장 많은 일을 하는, 가장 중추적인 역할 중의 하나가 리더라는 데는 아마 이견이 없을 것이다. 조직의 상황이나 구조에 따라 다르겠지만 모든 일의 출발과 끝에 리더가 자리 잡고 있는 것은 사실이기 때문이다. 조직에서는 누구나 상사와 동료, 부하에 둘러싸인 샌드위치맨의 위치에 있다. 그러나 특히 리더에게 엄격한 기준을 들이대고 높은 수준의 리더십을 요구하는 이유는 일의 성과를 평가받아야 하는 가장 중요한 단위 조직의 매니저가 바로 리더이기 때문이다.

리더는 일 관리와 사람 관리 전반에 업무영역이 걸쳐 있는 데다 실제로 무수히 많은 역할을 수행해야 하므로 적지 않은 고민을 갖고 있는 것이 사실이다. 그런데 많은 리더들에게서 느끼는 아쉬운 점은 현실적인 수준에서 당면과제에 매몰되어버린다는 것이다. 워낙 신경을 써야 하는 부분이 많은 위치라는 점은 감안해야 하지만, 경영자를 대신해서 조직을 이끄는 첨병 역할을 해야 하는 리더들에게는 좀 더 중장기적인 관점에서 경영자적 비전을 유지하며 조직을 이끄는 시각이 절대적으로 요구된다.

현재 위치에서의 현실적이고 단기적인 역할만을 생각해서는 조직의 전체상이나 미래상을 보기가 힘들고 더 강한 책임을 갖는 리더로 성장하기도 어려워진다. 현실에 발을 딛고 있으면서도, 종종 헬기를 타고 올라가 맡고 있는 조직과 조직 전체를 조망하고 조직의 주변과 앞으로 닥쳐올 미래를 둘러보는 관점을 가질 필요성이 있는 것은 그 때문이다. 즉, 지금 맡고 있는 보직보다 한두 단계 상위 리더로서의 관점을 갖고 좀 더 전략적으로 리더십을 행사해야 한다는 것이다.

조직은 이러한 리더들에게 현재 수준을 뛰어넘는 인정과 보상을 해줌과 동시에 실패로부터의 스트레스를 경감시켜주려는 노력을 기울여야 한다. 리더들을 귀하게 여기고 그들의 성과가 조직성과에 직결되고 있다는 사실을 공공연하게 천명해야 할 필요도 있다. 리더들은 기계적인 소모품이 아니고 쉽게 대체하기도 어려운, 조직의 가장 중요한 자산일 뿐 아니라 부하 직원들에게 가장 큰 영향을 미치는 역할 모델 그 자체이기 때문이다. 때문에 '리더가 흔들리면 조직이 흔들린다' 는 공감대가 경영진부터 조직 구성원에 이르기까지 형성되어 있어야 한다. 무엇보다 중요한 것은 '리더의 역할은 남들이 만들어주는 것이 아니고, 자신에게 주어진 편협한 역할만을 수행하는 데 그친다면 그 수준에서 도태되어버린다' 는 사실을 리더 자신이 정확하게 인식하는 것이다.

리더를 리더답게 만드는 것은 자부심과 자존심, 자신감이다. 리더의 역할은 조직으로부터 일방적으로 부여받는 것이라기보다는 리더 스스로의 자각과 실천을 통해 하나하나 만들어가는 것임을 기억할 필요가 있다.

● 개인적인 권위를 강화해라

리더십을 발휘하기 위해 리더가 갖고 있는 힘은 조직에서 공식적으로 부여한 공권력만이 아니다. 직위나 직책을 통해 부여받은 힘으로는 합법적인 권한이나 행정력, 보상력 등이 있다. 하지만 이와 대비해서, 전문성을 제공하거나 역할모델이 되는 등을 통해 얻는 개인적인 권위의 힘도 존재한다. 직위상의 파워는 한계가 있고 늘 가지고 있을 수도 없는 것이며, 올바르게 사용하면 긍정적 효과를 얻을 수 있지만 남용하면 다른 사람을 무력하게 만들 수도 있다. 그리고 사용할 수 있는 상황과 사용할 수 없는 상황이 있어 유연성이 떨어지는 힘이다. 하지만 내적인 측면이 강한 개인적인 권위는 한계가 없기 때문에 직위상의 파워와 관계없이 사용할 수 있고 상황에 따라 유연하게 사용할 수 있는 탄력성이 있다. 이는 목표를 달성하게 하는 동시에 우호적인 대인관계 구축을 가능케 한다.

리더십의 영향력 요소들 중 규제력·보상력·연결력·공권력 같은 것이 직위상의 파워라면 준거력·전문력·정보력 같은 요소는 개인적 권위에 해당된다. 개인적 권위는 리더가 솔선수범하고 전문적인 능력을 갖췄을 때 나타날 수 있고 수준이 높은 부하들에게 훨씬 큰 영향을 미친다. 즉, 부하들의 수준이 낮을 때는 직위상의 파워만으로도 통솔할 수 있지

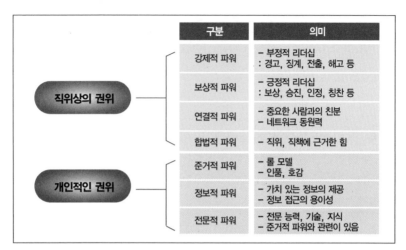

구분		의미
직위상의 권위	강제적 파워	- 부정적 리더십 : 경고, 징계, 전출, 해고 등
	보상적 파워	- 긍정적 리더십 : 보상, 승진, 인정, 칭찬 등
	연결적 파워	- 중요한 사람과의 친분 - 네트워크 동원력
	합법적 파워	- 직위, 직책에 근거한 힘
개인적인 권위	준거적 파워	- 롤 모델 - 인품, 호감
	정보적 파워	- 가치 있는 정보의 제공 - 정보 접근의 용이성
	전문적 파워	- 전문 능력, 기술, 지식 - 준거적 파워와 관련이 있음

:: 그림 5. 리더의 영향력 요소

만, 성숙도 수준이 높을 때는 개인적인 권위를 중점적으로 사용해야 한다. 개인적인 권위는 전문성이 뛰어나 배울 것이 많고 가치 있는 정보를 얻을 수 있을 뿐 아니라 인품에 호감이 가고 부하들이 닮고 싶은 역할 모델이 가지는 영향력에 해당한다. 그렇기에 조직에서 부여받은 단순한 리더의 역할을 뛰어넘어 인생의 스승으로 존경받게 하는 강한 리더십이라 할 수 있다.

그런데 이러한 영향력 중 연결력·공권력·준거력·전문력은 리더십을 발휘할 수 있는 힘의 원천에 해당되고, 규제력·보상력·정보력은 리더십을 행사하는 힘이다. 따라서 이 두 가지 힘도 서로 균형을 이루어야 한다. 원천이 되는 힘은 약한데 행사하는 힘만 강하면 리더십을 남용하게 되고, 그와 반대의 경우라면 직무유기에 해당될 수 있다. 따라서 리더십의 원천이 되는 영향력들을 꾸준히 개발함과 동시에 필요할 경우에는

트랩 : 조직의 발목을 잡는 32가지 착각

적극적으로 리더십을 행사해야 한다. 조직에서 공식적으로 부여한 권력을 행사하는 데 그쳐버리거나 개인적인 권위를 키우지 못한다면 그 리더에게서는 미래를 기대할 수 없기 때문이다.

현재의 위치는 전략적인 리더로 인정받고 있음을 뜻한다?

[나착각 과장의 생각]
지금 내가 리더의 자리에 있다는 것은 내가 전략적으로 조직에 필요할 뿐더러
리더로서 기여하고 있음을 의미한다. 이처럼 인정받고 있는 리더이기에
내 관리 행동에는 큰 문제가 없다.

● 감가상각은 가치증식을 앞지르기 쉽다

"난 내가 정말 가치 있고 조직에서 인정받고 있는 줄 알았어. 가족, 친구 다 제쳐놓고 위만 보고 달려왔지. 일하면서 밤을 새기도 하고 목숨 걸고 부딪쳐보기도 하고, 가끔은 전권을 다 가진 것처럼 기고만장하게 날뛰기도 했던 것 같네. 욕은 욕대로 먹고, 문제 있을 때 내 손에 피 다 묻히고, 구질구질한 뒤처리도 군말 없이 다해주고, 머슴처럼 일하면서도 내가 필요할 때 윗사람들이 간이라도 빼줄 듯이 살랑거리면 이 조직은 언제까지나 내게 호의적일 거란 착각을 하곤 했었지. 그런데 갑자기 쓸

모없다고 헌신짝처럼 내버리다니, 그야말로 토사구팽이 된 거지. 정신없이 살다보니 미래계획 같은 것도 못 세웠네. 세상이 비정하고 매몰찬 건 알았지만 내가 이렇게 어리석게 당할 줄은 정말 몰랐다네."

얼마 전 20여 년간 다닌 직장을 그만두게 된 50대 퇴직자로부터 들은 하소연이다. 요즘 우리 주변에서 어렵지 않게 들을 수 있는 내용이다. 과연 우리는 리더로서 끊임없이 조직에 가치를 제공하면서 인정받고 있는 건지, 혹시 이미 감가상각되어가고 있어 더 이상 효용가치가 없는 비품 덩어리에 불과한지 냉정하게 되돌아보자.

리더로서 현재의 위치는 리더의 과거 실적과 활동에 대한 보상의 성격으로 주어진 것일 가능성이 높다. 그동안 노력하고 인정받은 덕분이거나 혹은 상황적인 변수 등이 작용해서 지금의 위치에까지 왔지만, 현재나 미래의 관점에서 보면 보장된 것은 아무것도 없다. 현재 활동에 대한 평가나 미래의 가능성에 대한 조직의 판단은 다음 시점에 통보될 것이기 때문이다. 실무자로서는 뛰어난 성과를 이루었지만 리더로서는 문제가 있는 인물 같다거나, 상위 직급으로 승진시켜도 더 잘할 것 같지는 않은 인물이라는 느낌을 주고 있을지도 모른다.

조직에 새로운 가치를 증식시켜주기보다는 감가상각되어 가치가 소모됨으로써 리더의 위치에서 물러나는 이들을 자주 보게 된다. 기계나 비품에 투자한 뒤 일정 기간 동안의 감가상각을 통해 투자비용을 회수하는 것처럼, 조직은 리더의 잔존가치에 대해 냉정한 시각을 가지고 있다. 일반적으로 승진하는 리더보다 이탈하는 리더가 더 많다. 사람을 기계부품처럼 여겨서는 안 되겠지만, 리더의 입장에서는 자신의 가동률과 효율성이 유지되고 있는지, 새로운 시스템이 장착되면 더 높은 출력을 낼 수 있는지, 이상 감지나 조기 경보 시스템은 제대로 가동되고 있는지 등을 꼼꼼히 점검해야 한다.

많은 리더들은 자신의 기여도에 대해서 객관적으로 평가하지 못하고, 그저 일정 부분의 역할만을 하고 있으면서도 조직은 자신에 대해 호의적일 것이라고 막연하게 기대하는 경향이 있다. 리더로 활동하면서 시간이 흐를수록 자신의 가치가 소모적으로 하락하고 있는 것은 아닌지, 자신이 축적하는 조직 차원의 가치증식이 감가상각보다 더 큰지를 냉철히 확인해봐야 한다. 스스로의 가치를 그렇게 엄격히 관리하지 않으면 어느 순간 뒤통수를 맞고 조직에 대한 배신감으로 몸을 떨게 될지도 모르기 때문이다.

그렇다면 성과를 내는 리더들은 어떤 포인트에 중점을 두어 자신을 관리할까? 평소 리더로서 나의 관리 행동을 떠올리면서 다음에 나오는 리더의 관리 행동에 관한 진단에 답해보자.

고객 마케팅

- ■ 상사와 동료를 자신의 고객처럼 생각하는가?
- ■ 고객이 원하는 바를 정확히 파악하고 있는가?
- ■ 고객을 만족시키기 위한 일에 대해 고민하고 있는가?
- ■ 고객이 요구하지 않아도 필요한 것을 미리 제공하고 있는가?
- ■ 고객이 원하는 것을 정확히 제공하는가?

전략 실행

■ 자신의 업무목표를 명확히 인식하고 있는가?

■ 업무성과를 내는 데 필요한 핵심 요소를 알고 있는가?

■ 업무목표 달성을 위한 전략을 수립하고 있는가?

■ 목표 달성을 위해 환경, 경쟁자, 실적 등을 분석하고 있는가?

■ 정기적으로 실적을 점검하고 대책을 수립하고 있는가?

의사소통

■ 업무 관련자들과 자주 의사소통을 하고 있는가?

■ 선입견을 갖지 않고 일에 대해 상대방과 대화하고 있는가?

■ 의사소통을 통해 상대방과 공감대를 쉽게 형성하는가?

■ 상대방을 존중하는 태도로 의사소통하고 있는가?

■ 상대에 따라 각기 다른 의사소통 전략을 구사하고 있는가?

조직 행동

■ 주어진 일을 정해진 시간과 비용 안에서 충실하게 처리하고 있는가?

■ 주어진 일 외에도 스스로 할 일을 찾아 처리하고 있는가?

■ 상황이나 문제의 본질적 원인을 찾아 해결하고 있는가?

■ 어렵고 힘든 문제를 자신감과 적극성을 갖고 해결하고 있는가?

■ 맡은 일의 의미와 목표를 정확하게 알고 달성하고 있는가?

자기개발

■ 필요한 지식, 스킬 등을 향상시키기 위해 학습하고 있는가?

■ 일의 성과를 높이기 위해 꾸준히 역량을 개발하고 있는가?

■ 자신의 역량 개발을 위해 목표 수준을 높여가고 있는가?

■ 역량 개발을 위한 정보 입수에 신경 쓰고 있는가?

■ 역량 개발을 위한 자신만의 목표와 역할 모델을 가지고 학습하고 있는가?

위의 다섯 가지 평가 항목들에 대해 조금 더 구체적으로 알아보자.

1) 고객 마케팅

마케팅이란 결국 사람을 만족시키는 것이다. 마케팅의 초점은 나의 고객이 누구이고, 그 고객이 무엇을 원하고 있으며, 요구사항에 맞춘 결과물을 어떻게 효과적으로 전달할 것이냐에 있다. 그렇게 하려면 고객이 원하는 것과 함께 효과성, 효율성을 추구해야 한다.

그런데 그 과정에서 무엇보다도 필요한 것은 함께 일하는 내부 고객, 특히 직속상사를 만족시키는 것이다. 일상적인 대화, 상대방의 표정 변화, 기타 회사 내의 정보 등을 통해 상사, 동료, 고객이 원하는 사항을 정확하게 파악해 그들이 불편해하는 것을 먼저 제거하고 사람들이 인정할 만한 자신만의 역량을 보여야 한다. 또한 기존 방식과는 다른 부가가치를 제공하면서 상사가 요구하는 이상의 품질 수준을 제공할 필요도 있다.

2) 전략 실행

실행은 전략과 성취를 연결하는 고리에 해당한다. 전략이 전투에서의 승리나 고지 탈환을 위한 구체적인 계획이라면, 실행은 그 목표를 성과로 연결시키는 역할을 한다는 뜻이다. 남에게 제시하는 수준 이상으로 스스로의 목표 기대치를 높게 설정하는 것이 실행력을 강화시키는 데 도움이 된다. 하지만 잊지 말아야 할 것은 실행 자체보다 실행의 목적을 충족시켜야 한다는 것이다. 목표 달성을 위한 성공 요인에 집중하고 평계 요소는 제거함과 동시에, 실행과 평가의 주기를 세분화해 경쟁자보다 성과를 선점해야 한다. 그리고 상사의 경험과 시야를 자신의 것으로 만들어가는 노력이 중요하다.

3) 의사소통

효과적인 관계 맺기의 기초는 의사소통이다. 나를 더 노출시키고, 상대방으로부터 피드백을 받아 공감 영역을 넓혀나가야 한다. 그를 위해서는 나와 상대방이 가지고 있는 특성을 정확히 알고 상대방에게 관심을 보여야 한다.

의사소통이란 '잘 던지고 잘 받는 능력'이다. '던지기'는 내가 전달하고자 하는 내용이 무엇인지 분명하게 정리해 명확히 전달하는 것이고, '받기'는 상대방이 전달하려는 바를 잘 듣고, 내가 정확히 이해했는지를 상대방에게 확인받는 것이다. 꼭 갖추어야 할 의사소통 역량으로는 상대방의 특성과 의도, 내용, 중요성, 긴급성 등의 상황을 파악하는 능력을 들 수 있다. 그리고 정보를 공유하고 가급적 제안형으로 새로운 의견을 내면서 의사소통해야 한다.

4) 조직 행동

조직을 우선시하는 선수가 최강의 팀을 만든다. 일을 즐기는 긍정적인 마음가짐을 갖고 팀워크를 지향하는 조직 중심의 행동을 실행해야 한다. 또한 자신이 만족할 정도로 목표 수준을 높이고 그것을 달성하려는 의지도 보이는 것이 좋다. 그를 위해서는 담당하고 있는 업무와 관련된 최고 수준의 정보를 분석해서 해법을 찾고, 조직에 대한 대안 없는 부정적인 피드백은 피해야 할 뿐 아니라 자신이 먼저 즐거움의 요소를 찾아 주변 사람들에게 전파시킬 수 있어야 한다.

5) 자기개발

진보하지 않는 것은 퇴보한다. 새로운 기능의 부가나 개선이 없다면 시간의 경과에 따라 가치가 떨어지기 마련이다. 일반적으로 노후화에 따른 감가상각은 가치증식을 앞지르고, 기계 장치보다는 사람에 의한 가치 저하가 더 심각한 결과를 야기한다. 반면 새로운 지식을 습득하고 경험을 축적하며 관점을 전환하면 가치를 증대시킬 수 있다. 지금 자신이 감가상각보다 가치증식을 더 많이 일으키고 있는지를 확인해보자. 역량이란 성과를 만들어내는 반복적인 행동습관이다. 우연히 하게 된 행동이 아니라, 정기적으로 몸에 배도록 훈련하고 습득한 결과가 진정한 성과인 것이다.

● 리더로서의 가치를 유지하게 하는 요소들

효과적인 관리 행동을 위해서는 무슨 일을 어떻게 해야 하고, 목표 기준과 비교하여 일이 어떻게 진행되고 있는지에 대한 기대와 피드백이 명확해야 한다. 그리고 업무성과를 내는 데 필요한 자원과 도움을 확보하고, 이를 활용해 구성원들을 지원해야 한다.

아울러 제도와 재량 범위 내에서 객관적이고 일관된 기준으로 업무성과를 평가하고 보상해야 하며, 업무성과에 직결되는 지식과 스킬 등의 역량을 어느 정도 보유하고 있는가를 파악, 교육훈련 등을 통해 역량을 개발할 수 있도록 지원하는 방안도 마련해야 할 필요성이 있다. 또한 팀의 업무특성과 역량 수준을 고려해 업무분장이 명확히 이루어지면 조직 구성원들로 하여금 업무수행의 동기와 열정을 불러일으키게 할 수 있다.

업무수행을 위한 동기와 열정은 기대와 피드백, 자원 제공과 지원, 평가와 보상, 역량 개발, 업무분장의 다섯 가지 요소가 잘 이루어지면 저절로 따라오는 종속 변수라 할 수 있다. 이러한 성과 관리의 5요소는 서로 연결되어 있어 상호 촉진하기도 하고 견제하기도 한다. 역량이 뛰어나면 기대와 피드백을 높이지만 업무분장이 과다하면 기대를 어렵게 하고, 기대가 높은 일에 자원을 지원해야 하지만 역량이 뛰어날 때의 지원은 오히려 역효과를 일으킬 수 있다. 자원이 많이 들어간 일을 높게 평가해야 하지만 기대가 높으면 평가가 낮아지고, 인정과 성취를 통해 업무분장을 확대해가야 하지만 한쪽에 치우친 자원배분은 업무처리를 어렵게 한다. 역량 개발을 위해서는 보다 도전적인 일이 필요하지만, 지나친 외적 업

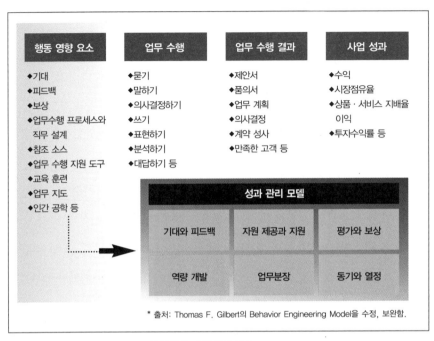

행동 영향 요소	업무 수행	업무 수행 결과	사업 성과
◆기대	◆묻기	◆제안서	◆수익
◆피드백	◆말하기	◆품의서	◆시장점유율
◆보상	◆의사결정하기	◆업무 계획	◆상품 · 서비스 지배율
◆업무수행 프로세스와	◆쓰기	◆의사결정	이익
직무 설계	◆표현하기	◆계약 성사	◆투자수익률 등
◆참조 소스	◆분석하기	◆만족한 고객 등	
◆업무 수행 지원 도구	◆대답하기 등		
◆교육 훈련			
◆업무 지도			
◆인간 공학 등			

성과 관리 모델

기대와 피드백	자원 제공과 지원	평가와 보상
역량 개발	업무분장	동기와 열정

* 출처: Thomas F. Gilbert의 Behavior Engineering Model을 수정, 보완함.

:: 그림 6. 성과 관리 모델

무는 성취의욕을 떨어뜨려 이를 어렵게 할 수 있다. 따라서 명확한 기대
와 피드백, 필요 자원의 제공과 지원, 공정한 평가와 보상, 적정한 업무
분장, 업무수행 역량의 개발을 통한 동기부여로 성과를 창출해야 한다.

03

혁신에 관한
착각의 트랩

나착각 과장의 이야기 2

최근 경제 위기 상황이 자주 발생하고 회사의 경영지표가 점차 나빠지자 나 과장의 회사에서는 전사적으로 혁신 활동이 추진되고 있다. 새로 구성된 혁신 TF의 변화중 과장은 나착각 과장과 동기인데 평소 스타일이 많이 달라 그다지 가까운 사이는 아니다. 그런데 요즘 변 과장은 혁신 활동을 안 하면 회사가 마치 안 돌아갈 것처럼 야단스럽게 온 회사를 휘젓고 다니면서 혁신 전도사를 자처하고 있어 영 신경에 거슬린다.

지난주 경영 회의에서는 나 과장이 추진하는 안에 대해 변 과장이 문제를 제기해 열띤 토론이 벌어졌는데, 의외로 한성화 사장이 변 과장의 의견을 들어줘 당황스러웠다. 혁신 TF에서 추진하는 활동에 대한 보고서에서도 변 과장이 나 과장의 팀을 최하위권으로 평가했는데, 그 바람에 나 과장은 고비전 이사에게 불려가 야단을 듣기도 했다. 다른 팀들은 언제부터였는지 팀별 변화계획을 세우고 개선활동들을 시작해 성과를 보이고 있다고 하니 갑자기 뒤통수를 맞은 기분마저 든다.

혁신 리더십은 나 과장도 익히 잘 알고 있는 내용들이고, 또 몇 년 전에 품질 혁신 TF에 참가해본 경험도 있어서 별것 아니라는 생각을 갖고 있다. 변화중 과장은 요즘 그다지 중요하지도 않는 영역에서까지 대대적으로 혁신을 추진하고 있는데, 얼마 안 가서 실패로 판명될 것으로 예상하고 있다. 그래도 요즘 회사에서 워낙 혁신을 강조하고 있고 다른 팀과의 경쟁도 있으니 뭔가 하는 척이라도 해야 할 것 같다. 혁신 활동을 좀 하다보면 회사 내에서 또 다른 이슈들이 나올 테니 그때까지만 좀 신경 쓰면 될 것으로 생각하고 있다.

사실 회사가 당장 망하는 것도 아닌데 호들갑을 떨면서 회사만 좋으라고 개인들을 이렇게 희생시켜도 되는지 나 과장으로서는 동의하기 어렵다. 그리고 몇 가지 혁신의 포인트만 짚으면 될 것을 다른 회사들을 따라서 사소한 모방이나 개선까지 강조하는 것을 보면 답답하기도 하다. 직원들의 사소한 저항까지 다 신경 써서 관리하는 것을 보면 도무지 이해가 되지 않는 데다가, 회사 차원에서뿐 아니라 팀 차원에서의 변화 계획까지 세우라니 짜증이 난다. 주인의식을 갖자고 부하들을 설득하는 나 같은 리더도 드물 텐데 한술 더 떠서 개인의 가치관이나 인성까지 들먹이는 데는 할 말을 잃게 된다. 혁신 리더십을 어떻게 발휘해야 할까를 생각하니 나 과장의 고민은 점점 깊어지고 있다. ●

●

T R A P !

과감한 혁신이 점진적 개선보다 효과적이다?

[나착각 과장의 생각]
혁신을 추진하는 리더들은 용기를 갖고 과감하게 혁신 활동을 전개해야 한다.
파격적인 개혁과 단시간 내에 큰 성과를 낼 수 있는 과제에 집중해야 혁신의
임팩트가 커질 것이다.

● 조직 변화의 대부분은 점진적으로 이루어진다

링컨은 "고요한 과거의 도그마는 폭풍우 치는 현실에 맞지 않다"라고
말했다. 고대 그리스의 철학자 헤라클레토스도 이미 그 오래 전에 "세상
만물은 늘 변화하며 고정적인 것은 아무것도 없다. 우리는 같은 강에 두
번 몸을 담글 수 없다"라고 한 바 있다. 변화의 시대, 혁신의 필연성 같
은 주제는 과거는 물론 현재에 있어서 더 이상 특별할 것도 없는 일상용
어가 되어 있다.

아프리카의 초원에는 사자와 영양이 살고 있다. 한쪽 구석에서는 어

미 영양이 다음과 같이 새끼를 교육시키고 있었다.

"애야, 너는 빨리 달려야 한다. 가장 빠른 사자보다 빨리 달리지 않으면 잡아먹히게 된단다."

다른 한 쪽에서는 어미 사자가 새끼를 가르치고 있었다.

"애야, 너는 빨리 달려야 한다. 가장 느린 영양보다 빨리 달리지 않으면 굶어 죽게 된단다."

그런데 사자의 사냥 성공률은 20퍼센트 정도에 불과하다고 한다. 사자의 질주는 한 끼 식사를 위한 것이지만 영양의 질주는 생존이 달린 절박한 것이고, '가장 빠른 사자보다 빨리 달려야 한다'는 영양의 기준은 '가장 느린 영양보다 빨리 달려야 한다'는 사자의 기준보다 더 높기 때문이다. 이 우화가 주는 메시지는 누구든 날마다 달려야 한다는 것, 속도도 빨라야 한다는 것 그리고 기준도 높아야 하고, 더 절박한 목적이 있느냐에 따라 결과가 달라진다는 것이다.

그렇다면 '변화 혁신'이란 도대체 무엇인가? 또 그것이 내게 주는 진정한 의미는 무엇인가? 이에 대해서는 다양한 답이 가능하겠지만 변화를 주제로 강의하면서 들었던 것들을 떠올려보면, '짧은 시간 동안의 큰 변화' '생존을 위한 유일한 대안' '죽을 때까지 무조건 바꿔가는 것' '개인과 조직의 성공을 위한 로드맵과 액션 플랜' 등이 일반적인 대답이다.

그렇다면 혁신 담당자가 아닌 일반 리더들은 혁신을 위해 무엇을 어떻게 잘해야 할까? 답은 두 가지다. 하나는 워킹walking 활동, 즉 '지금 하고 있는 중요한 일에서 더 큰 성과를 내는 것'이고 다른 하나는 점핑jumping 활동, 다시 말해 '새로운 발상으로 기회를 찾는 것'이다.

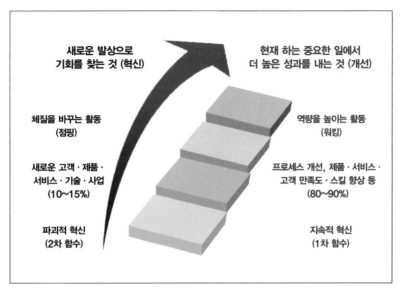

:: 그림 7. 혁신과 개선

　워킹 활동은 프로세스의 개선, 제품과 서비스의 향상, 고객만족도 개선 등의 역량을 높이는 활동으로, 1차 함수의 직선 그래프처럼 점진적으로 성과가 향상된다는 특징이 있다. 반면 새로운 발상으로 기회를 찾는 점핑 활동은 전혀 새로운 고객, 제품, 기술, 가치를 창출하고 체질을 바꾸는 활동으로, 포물선을 그리는 2차 함수의 그래프처럼 비약적으로 성과를 향상시킨다는 특징을 가진다.

　그런데 조직 변화의 80~90퍼센트는 계단을 걸어오르는 것과 같은 점진적인 개선에서 이루어지고, 점프하듯이 획기적으로 도약하는 파괴적 혁신은 10~20퍼센트 정도에 불과한 것으로 조사되고 있다. 따라서 중요한 것은 일상 활동에서의 작은 개선들이고, 이러한 개선 활동을 꾸

트랩 : 조직의 발목을 잡는 32가지 착각

준히 하다보면 어느 날 큰 변화가 이루어졌음을 알게 된다.

● 작은 모방과 개선을 통해 혁신해라

오하이오 대학교의 오데드 센카Oded Shenkar 교수는 "모방이 혁신보다 먼저다. 따라 해도 따라잡을 수 있다. 단, 정말로 제대로 베껴야 한다"라고 말했다. 조직 혁신에 있어 모방, 개선, 혁신 등의 활동이 단절적으로 진행되는 것은 아니지만, 현실적인 순서를 생각해보면 창조적인 모방가, 점진적인 개선가가 된 다음에 파격적인 혁신가를 추구하는 것이 적절할 것이다.

'변화 혁신은 꼭 해야만 하는 것인가?' '도대체 이 피곤한 변화를 왜 해야 하는가?'와 같은 질문을 교육 참가자들에게 던져보면 의외의 결론으로 귀결되곤 한다. 처음에는 '변화하지 않으면 살아남지 못하니까' '성장하지 않으면 회사가 망해서 없어지니까' 등의 답변을 하다가, '그래서 무엇을 얻을 수 있는가?'를 다시금 물어보면 결국은 '나와 내 가족의 행복' '우리 사회, 우리나라가 좀 더 행복해지기 위해서'로 마무리되는 것이다. 그렇다면 변화의 궁극적인 이유는 '나의 행복을 위한 것'이 되는 것이다. 그런데 변화 혁신이 심각한 이유는 이것이 '희망사항'이 아니라 '의무사항'이기 때문이다.

과거 GE에서 강조했던 혁신조직을 위한 경영정책 '3S 1B(스피드Speed, 단순함Simplicity, 자신감Self-confidence, 벽 없는 조직Boundarylessness)' 중 첫

번째 요소는 스피드다. 한국 기업들이 세계로 약진한 것은 '빨리빨리'를 외치는 문화 덕분이라고 얘기하는 사람들도 많다. 실제 기업 현장에서도 속전속결의 분위기는 흔히 감지된다. 그런데 '빨리빨리' 일을 추진하기 위해 제대로 된 준비나 검토도 없이 '대충대충' 해치우기만 하다 낭패를 보는 경우를 종종 볼 수 있다. 또한 '빨리빨리' 하다 실패했다는 사실을 금세 잊고서 또 다른 이슈로 재빨리 옮겨가는 기민함도 자주 발견된다. 그러다 무슨 일이 생기면 또 다시 그것만이 유일하고 절대적인 것처럼 호들갑스럽게 오버액션을 거듭한다.

이렇게 무리한 속도와 과잉 대응의 사회적 낭비 비용도 리더의 위치에 있는 사람들은 심각하게 고려해야 한다. 속도의 장점은 살리되 단점들을 치밀하게 보완하지 않는다면 끝없이 1등 기업을 따라가기만 하는 만년 2위에 머물지 모르기 때문이다. 리더십을 발휘하는 개인들도 속도전보다는 한 번씩 주위를 둘러보고 숨을 돌리는 완급 조절이 필요하다. 남들이 하고 있는 혁신 활동들을 전격적으로 도입해서 '빨리빨리' 큰 성과를 내야겠다는 욕심보다는, 기본에 충실하면서 일상의 작은 모방이나 개선을 통해 혁신의 성과를 쌓아가겠다는 자세가 오히려 더 필요한 것이다.

혁신의 포커스는
조직에 맞춰야 한다?

[나착각 과장의 생각]
조직에 있으니 조직이 강조하는 혁신 활동은 따라야 하지만 개인이 그 안에 매몰
되어서는 안 된다. 조직에게만 이익인 활동을 따르다보면 내게 이익이 되는 것은
하지도 못하고 어느 순간 사회에 내팽개쳐져 도태될 것이다.

● 개인이 바뀌지 않으면 조직은 변화하지 않는다

K씨는 최근 자신의 집을 담보로 자금을 준비해서 권리금을 주고 인테리어를
한 후 작은 음식점을 개업했다. 그러나 주변에 워낙 식당들이 많기 때문에 K
씨는 생존 전략을 모색하기로 했다. 여기저기 자문을 구해서 신메뉴를 개발
했고, 종업원들을 수시로 교육시키며, 전단지와 홈페이지 등을 활용한 마케
팅도 전개하기 시작했다. K씨는 하루 24시간이 너무나 부족하게 느껴질 정
도로 온몸을 던지며 일했지만 매상이 오를 생각을 하지 않자, 스트레스로 밤
잠을 설치는 날이 많아졌다. 임대료와 관리비를 내야 하고, 종업원에게도 월

급은 줘야 하니 말이다.

오랜 시간이 지나도 상황이 나아지지 않자 K씨는 장사를 관두기로 결정했다. 하지만 가게를 내놓았음에도 불구하고 사겠다는 사람은 나타나지 않고, 임대인은 인테리어까지 모두 뜯어내고 원상복구를 해달라고 요구하니 K씨의 마음은 타들어가다 못해 썩어가고 있다.

O씨는 일하던 식당에서 주인과 맞지 않아 그만두려던 차에 인근에 새로 생긴 음식점에서 종업원을 구한다는 광고를 보고 곧바로 K씨의 식당으로 옮겨왔다. 시설도 깨끗한 데다 사장도 음식업을 잘 몰라 순수한 것 같고 월급도 조금 더 준다고 해서 금년 들어 벌써 세 번째이긴 하지만 다시 한 번 시작해보자고 마음먹은 것이다. 그런데 식당이 잘 알려지지 않아 손님도 별로 없는데도 K씨는 다른 곳보다 한 시간 먼저 출근해서 새로운 메뉴를 협의하자고 하는가 하면, 한 시간이라도 더 늦게까지 문을 열고 손님을 받아보자고 해서 짜증이 난다. 손님들에게 더 많은 서비스를 해야 팁이라도 받는데 K씨는 서비스 음식을 가져다주는 것도 눈치를 주고, 나중에 음식점이라도 차리려면 주방의 노하우를 배워둬야 하는데 주방에 들어가 있으면 식당 앞에 나가 호객이라도 하라고 잔소리를 해대곤 한다. K씨는 하루 종일 식당에 붙어있으면서 쉬지 않고 청소나 테이블 세팅을 하고, 오후 한가한 시간에도 교육시킨다고 장황한 이야기만 늘어놓으니, 손님이 별로 없는데도 불구하고 제대로 쉴 시간도 없는 상황이다. K씨가 음식점 경험이 없어 쓸데없이 전단지나 뿌리고 홈페이지를 관리하는 걸 보니 한심한 생각이 들지만 '내 노하우는 내가 나중에 독립할 때 활용하면 되지 종업원인 내가 신경 쓸 일은 아니다'라는 생각이

트랩 : 조직의 발목을 잡는 32가지 착각

든다. 아마도 이런 상태라면 지금도 별로 없어 보이는 K씨가 오래 버티기 어려울 것 같은데 망하기 전에 몰래 다른 곳을 알아봐야 할 것 같다. 난 왜 가는 곳마다 이렇게 운이 따르지 않는지 답답한 심정이다.

조직 혁신에 관한 인터뷰를 하다보면 '조직 혁신은 지금 내가 조직에 소속되어 있기에 현실적으로 거부하지 못하고 수용하는 것'이라고 얘기하는 사람들이 종종 있다. 하지만 이렇게 소극적이고 수동적인 사고방식이 과연 변화를 통한 행복으로 연결될 수 있을지는 의문이다. '나와는 관계없고 귀찮기만 한데 조직에서 하라니까 안 할 수 없어서 억지로 이끌려가는 것'이라는 생각이 과연 내게 무슨 도움이 될까? 오히려 변화의 목적이 내 행복을 위한 것이라면 적극적으로 혁신을 주도하는 것이 더 현명한 판단이 아닐까? 변화가 고통스럽기는 하지만 개인의 인생에도 적용이 가능하고, 개인의 행복과 회사 성장의 출발점에 해당된다는 한 차원 높은 관점을 가질 필요가 있다.

조직의 가치를 공유한다는 것은 누구에게나 쉬운 일이 아니다. 조직은 구성원들에게 늘 주인의식을 가질 것을 요구한다. 물론 조직에 애정을 느끼고 명함을 남들에게 내밀 때 뿌듯함이 들 때도 있지만, 엄격히 말해 조직 구성원 대부분의 마음은 회사의 주인은커녕 주주가 아닌 경우도 많다.

'한 사람 주인의 눈이 열 사람 종의 눈보다 밝다'는 말이 있다. 주인의식을 가진 한 사람이 그렇지 않은 사람 열 명보다 낫다는 뜻이다. 그렇다면 우리도 조직에 대해 주인처럼 생각하는 마음을 가져보면 어떨까? 주인의식이 강할수록 다른 사람들이 볼 때 일상적인 말이나 행동이 남들과 다르게 보일 수밖에 없을 것이다. 그러다보면 다른 직원들보다 더 나은 성과를 낼 가능성이 높고 조직에서는 이런 직원이 혹여 그만둘까 우려되어 좀 더 나은 보상을 제공하려 할 것이다. 이처럼 주인의식을 갖는 것은 곧 내게 이익을 가져다주는 좋은 방법이므로 조직의 가치를 나와 동떨어진 그 무엇이라고 생각하는 것은 현명하지 못하다.

변화와 혁신은 회사를 위한 것만이 아니라 바로 나 자신을 위한 것이기도 하다. 조직의 성과와 나의 행복을 동시에 추구하는 활동인 것이다. 따라서 조직의 목표에 개인의 목표를 최대한 연결시키고 그 가치가 일상적인 의사결정에 반영되도록 하는 것이 필요하다. 그렇지만 어떤 거시적인 조직의 변화도 소속된 각 개인의 변화 없이는 원천적으로 불가능하다는 사실을 잊지 말아야 한다.

● 기러기의 비행에서 리더십을 배워라

L 경제연구원이 발표한 자료에 의하면 국내 상장기업 678사의 평균 연령은 34.4세이고, 2000년도를 기준으로 80년 이상 존속하고 있는 국내 기업은 5개사에 불과하다고 한다. 상공회의소의 조사에서는 국내 1,000대 기업 중 '60년 장수' 기업은 50개(5%)에 불과하고, 102개 기업이 매년 1,000대 기업에서 탈락할(10.2%) 뿐 아니라 290개(30%)의 기업이 5년 안에 순위 밖으로 추락한다고 한다. 미국의 로버트 지브랏Robert

Gibrat이라는 학자는 기업의 흥망은 기업의 규모나 특정 시점의 위상과 전혀 상관관계가 없다는 사실을 밝혀내기도 했다. 지금 잘나가는 조직과 그렇지 않은 조직들의 생존 확률은 결과적으로 같다는 것이다.

영국의 작가 찰스 핸디Charles Handy는 『패러독스의 시대The Age of Paradox』에서 '아무리 좋은 것들도 모두 굴곡점을 지나지만 이 S자형(시그모이드) 곡선이 상승할 때, 즉, 정점에 도달하기 전에 새로운 곡선을 시작해야 한다'는 점을 강조했다. 농생물학에서는 생물의 생장에 대해, 처음엔 완만하게 증가하다가 급속하게 생장하는 부분을 거쳐 마지막엔 서서히 생장하면서 정지된다고 본다. 사람의 신장이나 체중의 성장 그래프도 이 곡선과 유사하다. 하향 곡선을 그리기 전이어야 새로운 커브를 시작할 에너지와 자원이 있다는 것, 다시 말해 상승 곡선을 그리면서 잘나가고 있을 때 다음 커브를 위한 활동을 시작해야 한다는 것이다.

이것은 조직이나 제품 개발에도 적용할 수 있다. 즉, 기존의 제품이 성장기에 접어들기 시작할 때 새로운 신제품을 출시해야 하고, 변화를 계획할 때도 정점에 도달하기 전에 새로운 변화를 시작해야 한다는 것이다. 정리하자면 '상승 곡선을 그리면서 잘나가고 있을 때 다음 단계를 위한 활동을 시작해야 한다는 것'인데, 조직이나 인생에도 이것을 적용할 수 있음은 물론이다.

변화를 얘기할 때 흔히 예로 드는 것이 달라진 환경에 적응한 동물들의 이야기다. 멕시코 원주민들은 사람이 죽으면 제왕나비로 환생해서 돌아온다고 믿는다. 무게 5그램 정도의 제왕나비는 매년 캐나다에서 멕시코까지 5,000킬로미터에 이르는 여행을 한다. 무려 4대에 걸쳐 추운 캐

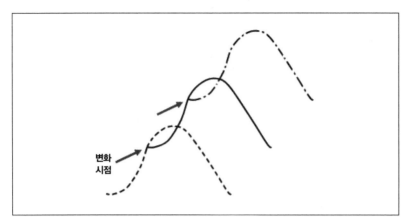

변화
시점

:: 그림 8. 변화의 시점과 성장 곡선

나다의 겨울을 떠나 3개월 동안의 위험을 무릅쓰고 따뜻한 멕시코의 숲에 도착해 5개월 동안 동면을 한 뒤 다시 북쪽으로 올라가는 것이다. 마치 겨울철 철새들의 이동처럼, 제왕나비도 추운 캐나다의 겨울 날씨에는 생존이 불가능하기 때문에 동면을 할 수 있는 따뜻한 멕시코의 숲으로 매년 이동하는 것이다. 탄자니아 세렝게티에 사는 150만 마리의 누우떼가 1,000킬로미터나 떨어져 있는 케냐의 마사이마라까지 폭염을 피해 신선한 물과 풀을 찾아 250년 동안 위험을 무릅쓰고 이동을 반복해온 것처럼…….

공룡이나 암모나이트의 경우를 봐도 변화하는 상황에 맞춰 달리 적응해나가는 생물의 특징을 알 수 있다. 초기 공룡은 몸길이 60센티미터 정도의 아담한 크기였으나 전성기 때는 평균 1톤에 달할 정도로 몸무게가 증가했고, 말기의 알래스카 공룡은 키 30센티미터 정도의 크기로 줄어들었다 한다. 또한 1억 년 전 중생대 백악기의 생물이었던 암모나이트라

트랩 : 조직의 발목을 잡는 32가지 착각

는 조개는 오늘날 오징어의 조상에 해당된다. 본래 암모나이트는 조개였으나 무거운 껍질 때문에 적으로부터 빨리 도망가는 것이 어려워지자 몸을 껍질 밖으로 빼내고 껍질은 반대로 안으로 넣는 환골탈태의 과정을 거쳐 오징어로 진화했다고 한다.

기러기들은 비행 시 브이(V)자 대형을 이루어 날아간다. 이렇게 하면 혼자 날 때보다 약 70퍼센트 정도 빨리 날 수 있을 뿐 아니라 앞서가는 기러기의 날갯짓이 일으키는 상승기류가 뒤에 따라오는 기러기를 뜨게 만들어 에너지 소모를 10퍼센트 이상 줄일 수 있다. 먼 여행을 떠나기 전에는 음식을 조절해 체형을 변화시키고, 쉬거나 먹지 않고 정확한 항로를 따라 이동하며 뇌의 절반을 이용해 잠까지 잘 수 있다고 한다.

더욱 놀라운 것은 기러기들이 리더십을 공유한다는 것이다. 앞서 날던 기러기가 지치고 피곤해지면 비행 대형의 뒤로 이동하고, 대신 다른 기러기가 리더의 역할을 맡는다. 또 어떤 기러기가 아프거나 힘에 부쳐 대형을 이탈할 수밖에 없을 때는 최소한 한 마리의 다른 기러기가 도움과 보호를 위해 함께 동행한다.

기러기들의 이와 같은 비행은 리더십의 항해에도 시사점을 준다. 리더들은 자신의 조직 구성원들이 함께 여행하면서 역할을 분담하고 서로를 배려하고 있는지 생각해볼 일이다. 동물이든 인간이든 조직이든 환경 적응에 실패했을 때의 결과는 참담하다. 환경에 대응하고 생존하기 위해서, 또 나의 행복과 조직의 성장을 위해서 변화 혁신은 잠시도 쉬지 않는 일상적인 활동이 되어야 한다.

착각 11

일사불란함이 혁신의 성패를 좌우한다?

[나착각 과장의 생각]

혁신 활동의 성패는 조직에서 얼마나 일사불란하게 그것을 전개하는가에 달려 있다. 소속 팀이나 개인들에 대한 고려가 너무 지나치면 조직 차원의 활동이 제대로 추진되기가 어렵다.

● 조직의 성과는 리더의 인격적 내공에 달려 있다

모든 조직의 변화는 개인의 변화에서 비롯된다. 새뮤얼 스마일즈 Samuel Smiles는 『자조론Self-Help』이라는 책에서 '인격적 내공'을 강조하면서 '자기 자신을 스스로 잘 통제할 수 있는가?'라고 묻는다. 자신을 통제해서 인격적 내공이 높아지면 더 많은 행복감을 느낄 뿐 아니라 실행의지도 강해지기 마련이다. 따라서 조직의 성과는 그것을 이끄는 리더들의 내공이 얼마나 강한가에 달려 있다. 그렇다면 조직 차원의 정교한 혁신 활동의 추진에 앞서 개개인의 인격적 내공을 높이는 노력이 선행될 필요가 있다.

인격적 내공에 대해서는 다양한 해석이 가능하겠지만, 인간적 성숙, 명확한 가치 기준, 흔들림 없는 감정 조절, 경우 바른 판단, 인간적 감화력, 유연하고 포용력 있는 대인관, 인내와 끈기와 도전, 근면 검소한 생활 방식, 약속을 지키고 도덕적으로 정직함, 자신에 대한 객관적 평가와 겸손, 일과 삶에 대한 지혜, 폭넓은 사고의 틀, 긍정적 사고와 낙천성 등이 떠오른다. 하지만 이런 요소들은 다소 추상적이기도 하고 그것에 도달하는 방법도 다양하니 여기에서는 먼저 인생에 대한 긍정적인 사고와 개인의 가치관 정립에 초점을 맞추어보자. 일반적으로 남들보다 행복감을 더 느끼는 사람들이 자신이나 주변을 잘 통제하고 변화 실행의 의지가 강할 가능성이 높으므로, 개인의 변화 수준을 예측해볼 수 있는 행복도를 측정해보는 것이 한 가지 방법이 될 것이다.

다음은 영국의 직업심리학자 캐롤 로스웰Carol Rothwell과 인생 상담사 피트 코헨Pete Cohen이 제안한 개인별 행복도 측정 방법인데, 100점 만점으로 개인별 행복도를 스스로 평가해볼 수 있게 한다. 혁신의 출발점이 되는 나 자신의 행복 지수는 어느 정도인지 한번 평가해보자. 우선 다음 네 가지 질문에 대해 각각 1~10점으로 점수를 매겨보라.

① 당신은 사교적이고, 열정적이며, 변화에 대해 유연한 편입니까?
② 당신은 긍정적인 시각을 가지고 있습니까? 우울한 기분에서 회복이 빠르고, 인생을 스스로 잘 통제하고 있다고 느끼십니까?
③ 당신의 건강이나 경제적 수준, 안정성, 자유로운 생활, 사회 공동체 활동

등과 관련해서 기본적인 생활이 충족되고 있습니까?

④ 가까운 사람에게 도움을 구할 수 있습니까? 당신의 일에 몰입하고, 스스로 정한 목표를 달성하기 위해 행동하고 있습니까?

나의 행복 지수는 $P+(5\times E)+(3\times H)$의 공식에 따라 집계된다. P는 위 ①과 ②를 합한 값이고, E는 ③, H는 ④에 해당된다. 즉, 행복지수는 (① +②)+(5×③)+(3×④)이다. 여기서 P(Personal Characteristics)는 인생 관·적응력·유연성 등 개인적 특성이고, E(Existence)는 건강·돈·인간 관계 등 생존의 조건, H(Higher Order Needs)는 자존심·기대·유머 감 각 등 더 고차원적인 욕구다. 행복해지는 데 있어서는 기본적인 생존 조 건이 우선적으로 충족되어야 하지만 고차원적인 자존감 등이 약하면 전 체적으로 높은 행복 수준을 보일 수 없다는 것을 알 수 있다.

독일의 철학자 칸트는 행복의 원칙으로 세 가지를 들고 있는데, 첫째 는 '어떤 일을 할 것', 둘째는 '누군가를 사랑할 것', 셋째는 '어떤 일에 서든 희망을 가질 것'이다. 희망을 갖고 일하고 사람을 사랑하는 것, 이것 은 곧 행복한 리더가 해야 할 일이기도 하다.

● 핵심 가치 세팅으로 내공을 높여라

고故 김수환 추기경이 생전에 했던 말에 대해 생각해보자.

"무엇 때문에 사느냐?"고 물으면 정신 나갔다고 말하는 사람들이 많을 것입니다. "무엇 때문에 사냐고? 사니까 사는 거지!" 이렇게 대답하는 사람들도 많겠죠. 서울역을 물으면 친절하게도 길을 가르쳐주는 사람들이 인생의 의미를 물으면 '정신 나간 사람'으로 취급합니다. 그런데, 어떤 질문이 더 중요합니까?

그러면 이번에는 사람들이 가장 중요하게 꼽고 있는 다음 열여섯 개의 가치 세트를 보고 리더로서 내 인생에서 가장 중요한 네 개의 가치를 선택해보자.

1)인생을 사는 지혜, 2)사명감의 인식, 3)충실한 신앙생활, 4)사회를 위한 봉사, 5)힘을 주는 권력, 6)조직에서의 영향력, 7)사회적 명성, 8)일을 통한 성취, 9)건강, 10)여유 있는 경제력, 11)행복한 가정, 12)정직한 생활, 13)매력적인 외모, 14)즐거운 여가 생활, 15)만족스러운 성생활, 16)우정을 나눌 친구

당신이 선택한 다섯 개의 가치는 무엇인가? 위의 가치들은 당신이 목표를 얼마나 이상적으로 잡는지, 또 얼마나 경쟁이나 위험을 수용하는지에 따라서 의미(1, 2, 3, 4), 성취(5, 6, 7, 8), 안정(9, 10, 11, 12), 즐거움(13, 14, 15, 16)의 네 가지 영역으로 구분될 수 있다. 행복한 가정도 중요하지만 다른 관점에서 보면 이웃이나 사회도 중요하고 그 가치를 위해 평생 헌신하는 사람들도 있다. 가치 자체는 선악의 개념이라기보다는 선

호의 개념에 가깝다. 그런데 우리가 선택한 가치가 네 영역 중 한두 부분에 치우쳐 있다면 이를 각 영역에 배분해보는 것도 리더로서 균형 있게 인생을 사는 한 방법이 될 수 있다.

가정에도 가훈이 있고 조직에도 경영이념이 있듯이 개인의 가치관도 정립되어야 한다. 일전에 방문했던 경주 최씨 고택에서 들었던 그들의 가훈은 가정의 가치에 대해 생각해보게 한다. 그들의 가훈에는 육훈六訓과 육연六然이 있다.

육훈은 '새 며느리는 3년간 무명옷을 입는다' '생원 진사는 하되 그 이상의 벼슬은 하지 않는다' '손님을 후하게 대접하라' '흉년에는 땅을 사지 말라' '사방 100리 안에 굶어죽는 사람이 없도록 하라' '소작료로 연간 만석 이상은 받지 말라' 등이다. 검소하게 생활하고, 부와 명예를 동시에 추구하지 않으며, 베풀면서 살고, 남의 어려운 상황을 이용하지 않고, 사회적 책임을 다하며, 부의 극대화와 사유화를 추구하지 말라는 뜻이다.

또한 스스로는 초연하게 지내고(자처초연自處超然), 남에게는 온화하게 대하며(대인애연對人靄然), 일이 없을 때는 맑게 지내고(무사징연無事澄然), 일이 있을 때는 과감하게 추진하며(유사감연有事敢然), 뜻을 얻었을 때는 담담하게 행동하고(득의담연得意淡然), 실의에 빠졌을 때는 오히려 태연하게 행동하라(실의태연失意泰然)는 것 등이 육연에 해당된다. 세계에서 유일했던 12대 부자로 교육 사업에 남은 재산을 기부했던 경주 최씨의 가훈은 존경받는 명문가의 가치를 분명하게 보여주고 있을 뿐 아니라 조직을 이끄는 리더의 가치관에 대해 다시 생각해보게 한다.

흔히 아이가 초등학교에 입학하면 학교의 숙제라며 가훈을 묻는 경우가 있다. 개인적인 얘기를 하자면, 필자의 경우 '정직'이라는 아버님의 가훈을 아이에게 전달해주었던 것으로 기억한다. 그런데 직장생활을 해나가면서 '아, 가훈을 이것으로 정할걸. 그땐 왜 이걸 몰랐을까!' 하는 생각이 들어 10여 년 전 가족회의를 소집해 가훈을 바꾸었다. 가장의 권한으로 우겨서 결정한 면은 있었지만, 합의된 우리 집안의 가훈은 '변화 혁신'이다. 아직도 제대로 변화하지 못하는 면들이 많아 가족들로부터 공격을 당하곤 하지만 가훈이나 가치관이 중요한 삶의 지표가 되고 있음을 느낀다. 또한 요즘 들어서는 변화 혁신을 추구하면서도 유연성과 낙천성을 잃지 말아야겠다는 생각도 든다.

이렇게 내가 중요하다고 생각하는 가치들이 확인되면 그 가치들이 포함된 표현으로 각자의 '인생 사명서'를 작성해볼 것을 권하고 싶다.

* 인생 사명서 예시

나는 내 인생의 주인공이다. 곧은 정신과 맑은 성품의 가치를 일러주신 부모님께 감사하면서 마음에 드는 나를 반듯하게 만들어가겠다. 사람을 사랑하리라. 가족에게 깊은 애정을 쏟고, 만나는 이들에겐 믿음을 주어 상식이 통하는 유쾌한 울타리를 만들어가리라. 삶의 의미와 감동을 느끼는 인생을 살겠다. 좋은 사람들과 좋은 인연을 이어갈 수 있도록 작은 노력들이 성취를 일구어내는 날까지 성찰하고 참아내리라. 시련이 나를 위한 축복임을 알고 늘 푸른 소나무처럼 청렬하게 살리라. 세상이 허허로워질 때조차도 빛나지만 반짝거리지 않는 겸허한 완성을 꿈꾸리라. 남에게 보이는 데 너무 신경 쓰지 않는다면, 스스로에게 만족하기란 그리 힘든 일도 아닐 터.

내 몸이 삶의 기초가 됨을 기억하며 살리라. 불편하지 않을 정도의 여유를 갖기 위해 목표와 관계가 먼 일에는 용기 있게 '노!' 하리라. 나의 경험과 지식을 살려 새 지평을 열기 위한 연구에 의욕을 잃지 않으리라. 사람을 변화시키는 일에 나의 영향력을 활용해보리라. 자연과 세상의 이치에 대해 명상하면서 지혜를 쌓아가리라. 사람은 다 다르다는 사실을 가슴 깊이 인정하리라. 힘든 이들에겐 마음으로부터의 공감을, 기쁜 이들에겐 진심의 축하를 보내고 절대로 의리는 지켜가리라. 비판적인 충고를 고맙게 받고, 만나는 이들에게 용기 있게 조언하리라. 언제나 싱싱한 강물처럼 시원한 사람으로 남고 싶다. 어떤 자극이 와도 반응은 나의 선택에 달린 것, 자존심을 걸고 잘할 수 있는 일을 실행해가리라. 긍정의 에너지를 전파하리라. 새로운 것을 추구하는 데 두려움을 갖지 말자. 겹겹이 싸인 나의 껍질을 깨고 나를 비우자. 무언가를 시작하기에 너무 늦다고 가정하지 않으리라. 변화는 지나치게 하는 것보다는 조금씩 규칙적으로 하는 것. 늘 깨어 있고 현실에 뛰어들 땐 머리부터 풍덩 빠지리라. 인생의 이정표를 고쳐가면서 게으르지 않은 삶을 살아가리라.

그런데 개인의 좌우명이든 가치관이든 인간의 생각은 시간의 흐름에 따라 계속 바뀌곤 한다. '인생 사명서'를 써봐도 이전에 작성했던 사명서가 시간이 지나면서 생각이 바뀌어 수정할 수밖에 없는 경우를 종종 경험하게 된다. 그러나 어떻게 바뀌든 중요한 것은 그에 따라 일상생활에서의 실천 계획도 함께 달라져야 한다는 것이다. 아름다운 꽃밭을 망가뜨리려면 어떻게 하면 될까? 가장 쉬운 방법은 가만히 내버려두는 것이라고 한다. 아인슈타인이 "전과 같이 행동하면서 다른 결과를 기대하는 것만큼 어리석은 일은 없다"라고 했듯이 우리의 인생도 게으름과 두려움 속에서 의식 없이 살도록 방치해두면 자연스럽게 망가질 것이 분명하다.

리더로서 자신과 가정의 가치를 생각해봤다면, 현재 하고 있는 일의 의미를 되짚어보는 것도 중요한 일이다. 필자의 경우, 신입사원 시절에 그룹 기획조정실의 교육 담당자로서 선배들로부터 배웠던 것은 '기업 내 인력개발 업무의 신성함'이었다. 그러다보니 강의가 끝나고 외부 강사를 배웅할 때는 배차된 차량의 뒷자리에 태워드린 뒤 그 차의 사이드 미러로 내가 안 보일 때까지 그 자리에 서서 차량을 지켜봐야 했다. 그렇게 해야 강사도 나와 우리 조직에 대한 좋은 느낌을 가지고 지속적으로 관계를 발전시킬 수 있다는 것이 그 까닭이었다. 그리고 요즘은 계좌로 강사료를 입금하지만 과거에는 직접 지급했기 때문에, 봉투에 강사의 이름과 감사의 인사를 적은 후 세금을 뗀 금액에 섞여 있는 동전을 일렬로 테이프를 붙여 딸랑거리는 소리가 나지 않도록 전달해야 결례가 되지 않는다는 것도 배웠다. 교육 전날에 교보재류를 세팅하고 왜 그렇게 열심히 좌석의 줄까지 맞추었는지 지금 생각하면 웃음이 나기도 한다. 이런 것들을 비효율적이라고 여길 수도 있지만 내가 하는 일에 의미를 불어넣고 좀 더 가치 있는 활동을 하려는 리더로서의 결심에 도움이 되었던 것은 사실이다.

조직은 거시적 관점에서 관리해야 한다?

[나착각 과장의 생각]

리더들은 구성원들의 일상이나 평소의 업무관리 방식보다는 매출과 이익 등 최종적으로 나타나는 조직의 결과를 관리하는 데 중점을 두고 이를 높이기 위한 활동에 주력해야 한다.

● 프로세스 관리로 전환해라

조직의 질적 수준은 사업과 제품의 질, 사람의 질, 운영 프로세스의 질로 평가할 수 있다. 따라서 조직의 혁신 활동은 사업 구조의 리스트럭처링restructuring, 일하는 방식의 리엔지니어링reengineering, 역량과 인재의 리플레이싱replacing을 중점적으로 추진한다. 이를 위해 많은 리더들은 결과로 나타날 고객과 직원, 주주와 파트너들의 만족을 추구하게 되는데, 최종적인 산출물은 직접적인 통제가 어려울 뿐만 아니라 그것을 통해서 구체적으로 무엇을 어떻게 해야 한다는 것을 깨닫기도 어렵다.

조직의 최종적인 성과, 브랜드 이미지, 매출과 이익 등은 모니터링 지표일 뿐 일상적인 관리항목이 되기 어렵고, 리더가 직접적으로 통제 활동을 가하기도 쉽지 않기 때문이다.

리더가 집중해야 할 항목들은 오히려 이보다 이전 단계에서 나타나는 프로세스의 효율, 개별 활동의 실적, 단위생산성의 향상, 표준화와 자동화, 특정 역량의 강화, 납기의 단축, 시스템의 개선 같은 요소들이다. 리더는 인풋되는 단위활동과 운영상의 프로세스, 그리고 고객에게 전달되는 아웃풋을 관리해야 하고, 이러한 활동들이 모이면 조직의 최종적인 결과, 즉 아웃컴outcome이 결정된다. 이것을 균형성과 제도에서는 학습과 성장, 프로세스, 고객, 재무성과로 표현하고 있다.

그중에서도 가장 중심이 되는 리더의 관리활동은 프로세스와 아웃풋의 개선이라 할 수 있다. 따라서 건수나 횟수를 반복적으로 관리하는 데 들어가는 시간을 줄이고 프로세스의 향상에 더 많은 노력을 집중해야 한다. 이 프로세스의 개선은 투입 요소를 능동인자와 수동인자로 구분해서 관리하고, 프로세스 단계에서는 제어 및 잡음인자를, 산출 단계에서는 정적 특성과 동적 특성을 구분해서 어느 요소를 늘리고 어느 요소를 줄일지 항목을 정해 관리하는 것이다.

예를 들어 라면 가게를 운영한다면 투입되는 요소 중 물·라면·스프·그릇은 수동인자로 놔두고, 소스·연료·계란 등을 능동인자로 결정해서 다른 가게와의 차별화를 꾀할 수 있다. 또한 프로세스 단계에서는 라면의 종류·물의 양·소스의 재료나 맛·서비스의 태도 등을 제어인자로 관리하면서 며느리도 모르는 조리법을 만들고, 날씨·종업원의 컨디션·서비스 환경·다른 손님의 변수 등의 잡음인자는 영향을 최소화하도록 관리할 수 있을 것이다. 마찬가지로 산출 단계에서도 서비스의 만족도는 정특성으로 놔두고, 라면에 넣는 부재료를 다르게 하거나 시간대별 가격을 다르게 하는 등 특정 요소를 동특성화해서 관리할 수 있을 것이다. 별도로 주로 여러 부문이 연결된 업무의 개선을 위해서는 프로세스 맵핑process mapping 등의 기법을 활용할 수도 있다. 리더의 활동은 최종적인 조직의 결과 관리가 아닌, 이러한 프로세스의 개선 활동으로 전환되어야 한다.

● 일상의 패턴에 불만을 품어라

조직의 프로세스는 개인들의 일상적인 활동이 모여서 만들어진다. 개인들이 하루하루의 시간을 어떻게 보내고 일하는 방식이 어떠한지에 따라 집단의 성과와 운영 프로세스의 수준도 결정된다. 프로세스의 개선을 위해서는 평소 구성원들이 일상 활동에 임하는 마인드와 패턴을 파악하고, 개선을 방해하는 매너리즘에 빠져 있지는 않은지 점검해 변화를 주어야 한다. 현행 프로세스에 대한 문제의식과 불만이 있어야 변화의 필요성이 공감된다. 변화를 위한 동기의 수준을 높이려면 현재 상태를 불만족스럽게 느끼고 개선 목표를 설정, 구체적인 변화 계획을 세워야 한다. 리더가 현재 상태에 대한 개선 의식이나 변화 실행의 의지가 약하고 구체적인 프로세스 개선 활동도 추진하지 않는다면 성과 향상을 기대하기 어렵다.

부하 직원들이 사고방식, 먹는 음식, 유행이나 스타일, 만나는 사람 등에 변화가 없고 호기심과 의욕이 떨어져 있지는 않은지, 일하는 방식이 경직되고 업무의 집중력이 떨어지진 않는지, 정보교류가 제한적이거나 새로운 업무를 싫어하고 자신을 개발해 성취감을 느끼는 일에 소홀하지 않은지 등을 리더는 정확하게 감지해야 한다. 더불어 타성에 젖지 않도록 경각심을 일깨우는 것도 리더가 할 일이다.

시간 관리법도 일상생활에 변화를 주는 데 있어 중요하다. 시간에 대한 사람들의 가장 큰 착각은 '지금 시간이 너무 없다'는 것과 '미래엔 많은 시간이 있을 것'이라는 생각이다. 그러나 정작 긴급하지만 중요하지는 않은 일에 대부분의 시간을 쓰고, 중요하지만 긴급하지 않은 일에는 거의 시간을 쓰지 않는다. 운동이나 공부 같은 것들이 중요하지만 긴급하지 않은 대표적인 예에 해당될 수 있다. 이 영역에 많은 시간을 투자하지 못할 경우 당장은 문제가 되지 않겠지만 시간이 지나고 나면 갑자기 앞날을 가로막는 심각한 장해물이 되어 우리를 가로막을지도 모른다. 특히 리더가 매너리즘에 빠져 있거나 시간 관리를 못해 허둥대거나 도전을 멈춘다면 조직과 함께 일하는 사람들의 장래에 대한 책임을 져야 할 것이다.

하느님이 세상을 창조하면서 동물들에게 수명을 부여할 때의 우화가 있다. 하느님이 당나귀, 강아지, 원숭이, 인간을 불러 각각 30년씩의 수명을 부여했다. 그러자 당나귀가 "등골이 휘도록 짐을 지어 날라야 하는 생활을 30년이나 해야 한다는 것은 너무합니다"라며 줄여 달라고 사정을 했다. 그러자 강아지도 남의 집이나 지키는 생활을 그렇게 오래할 수 없다고 하고, 원숭이도 남에게 재롱떨고 즐거움을 줘야만 하는 생활이 지겨우니 줄여달라고 간청했다. 그런데 인간은 다른 동물들과 반대로 "제가 할 일이 얼마나 많은데 30년만 살 수 있겠습니까"라며 늘여줄 것을 청했다. 그래서 다른 동물의 수명은 10년으로 줄여주고 남는 60년을 받아 인간은 90년의 수명을 갖게 되었다는 것이다.

그래서 인간은 태어나서 30년 동안은 인간 본연의 삶을 살아간다. 이 기간 동안 성장하고 학업을 하며 남자들은 군대를 다녀오고 취업을 하는 등 세상을 살아가기 위한 준비를 하는 것이다. 그다음 20년 동안은 당나귀처럼 가족을 부양하는 무거운 짐을 어깨에 지고 살아가고, 50세가 되면 그간의 성취를 완성하고 지키는 강아지의 수명을 살아가며, 70세가 되면 손자 손녀들의 재롱을 보며 원숭이와 같이 즐거움을 나누면서 살아가게 된다.

대부분의 리더들은 지금 가족 부양과 조직에서의 책임 등 등골이 휠 정도의 무게를 감당하며 당나귀의 시간을 살고 있다. 살아갈수록 중요한 삶의 선택은 줄어들고 자유로움의 폭도 줄어들지만, 현재의 시간은 인생에서 가장 중요한 시기이고, 미래의 인생은 현재의 시간을 어떻게 보내느냐에 따라 결정된다. 따라서 별다른 성취도 없이 이 시기를 마무리한다거나 미래에 즐길 즐거움을 미리 당겨서 누려버리면 당나귀로 지내는 시간만 길어질 것이다.

이를 방지하기 위해서는 현재의 시간이 어떤 시간인지를 알고, 지금 선택해야 하는 것이 무엇인지를 파악해 일상 활동을 점검해야 하는데,

이를 위해서는 생활의 패턴이 매너리즘에 빠져 있지 않도록 관리해야 한다. 주어진 시간대의 역할에 충실하면서 운명을 뛰어넘는 용기 있는 도전을 계속해야만 당나귀의 기간을 줄일 수 있기 때문이다.

고용해준 직장에 개인은 충성을 다해야 한다?

[나착각 과장의 생각]

개인의 자의식이나 자존심은 개인의 업무 실적과 큰 관계가 없다. 비굴함이나 자책감을 일시적으로 느끼더라도 그때그때 각자의 실적을 올리는 것이 더 중요하다고 팀원들을 독려하고 있다.

● 경쟁력의 자존심을 회복해라

회사와 경영자에 충성을 다하는 L과장이 있었다. 학력도 특별하지 않고 경력은 현 회사에서의 경력이 전부지만 정직하게 경영자의 명령에 절대적으로 충성하면서 궂은일을 도맡아 하는 것으로 신임을 받아왔다.

그는 점점 나이를 먹어갈수록 다른 조직에 들어가는 것이 불가능하다는 것을 잘 알고 있고, 독립해서 작은 사업을 해볼까 싶긴 하지만 모아놓은 자금은 물론 경험이나 준비도 없는 상황이다. 뛰어난 후배 매니저들이 많이 들어오고 있지만 그들과 경쟁할 생각도 없고 그런 자존심은 이미 버린 지 오래다. 만년 과장으로라도 좋으니 현 회사에 오래 있으면 좋겠는데 우직함과 충성심만으로 자리를 유지할 수 있을지 고민이다. 혹 여러분 중에도 이런 고민을 갖고 있는 분이 있는지, 여러분이 경영자라면 L과장을 계속 고용할 것인지 묻고 싶다.

'기업의 생존 부등식'은 '원가≤가격≤가치'로 표현되곤 한다. 원가보다는 가격이, 가격보다는 가치가 같거나 높아야 기업이 존재할 수 있다는 것이다. 이런 부등식은 개인에게도 적용해볼 수 있다. 조직 내 개인들은 시간이나 노력 등 자신의 원가를 조직에 투입하고 직위나 급여 등을 자신의 가격으로 받게 되는데, 자신이 느끼는 가치가 그 가격보다 높은지를 판단해봐야 한다는 뜻이다.

조직의 입장에서 보면 구성원 개개인의 가격은 원가에 해당된다. 다시 말해 조직은 여러 원가를 투입해서 매출이라는 가격과 이익이라는 가

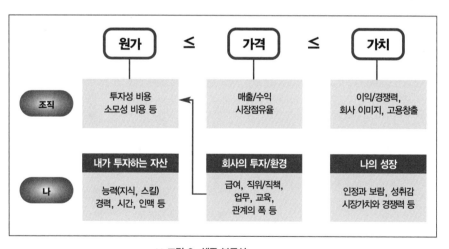

:: 그림 9. 생존 부등식

치를 구현해야 한다. 만일 내게 투입되는 원가가 지나치다고 판단되면 조직은 나의 가격을 낮추거나 나에 대한 가격 지불을 철회할 것이다. 리더들은 자신이 맡고 있는 조직에 이 부등식이 성립되는지, 구성원 개인들 중 이 부등식을 만족시키지 못하는 사람이 있는지 냉정하게 평가해야 한다. 특히 리더 자신에게 이 부등식이 성립되지 않는다면 그것은 곧 그 리더로 인해 조직의 손해가 늘어난다는 것을 의미하므로 조직 차원에서 단호한 조치가 내려져야 한다.

따라서 리더라면 조직생활을 하면서 자신의 '경쟁력'이 몇 년 전보다 높아지고 있는지, 다른 사람들과 비교해볼 때 자신이 만족스러운지, 자신과 조직의 생존 부등식이 성립되고 있는지를 항상 생각해야 한다. 경쟁력이란 기본적으로 '가치가 있는가' '남과 다르게 독특하거나 유일한가' '남들이 쉽게 모방할 수 없는 수준으로 차별화되어 있는가' '해당 조직이나 직무에 적합한가'의 여부에 의해 결정된다. 이에 대해서도 마찬

가치 창출에 기여	경쟁자 대비 희소성	모방 불가능성	조직/직무 적합성	경쟁 예상 결과의 해석
해당 직무의 수행을 통해 조직의 가치 창출에 기여할 수 있다.	다른 후보자나 경쟁자와 대비하여 나만의 역량을 보유하고 있다.	나의 역량과 성공 체험은 다른 사람들이 모방하기 어렵다.	나의 역량은 조직과 해당 직무 수행에 적합하다.	
X	X	X	X	➡ 경쟁적 열위
O	X	X	X	➡ 경쟁적 동등
O	O	X	X	➡ 일시적인 경쟁 우위
O	O	O	O	➡ 지속적인 경쟁 우위

:: 그림 10. 경쟁력의 요소

트랩 : 조직의 발목을 잡는 32가지 착각

가지로 리더 스스로가 다른 리더들에 비해 지속적인 경쟁우위를 갖지 못한다면 그것은 곧 그 조직의 경쟁력을 기대하기 어렵다는 것을 뜻한다.

사람은 누구나 스스로의 내면에서 우러나는 여러 마음들을 품고 살아간다. 약자에게 이기거나 평이한 목표를 달성했을 때 느껴지는 '그까짓 것' 하는 자만심, 강자에게 이기거나 도전적 목표를 달성했을 때 드는 '잘 해냈구나' 하는 자부심, 약자에게 지거나 평이한 목표 달성에 실패했을 때 '아, 실수였어' 하며 밀려드는 자책감, 강자에게 이기거나 도전적인 목표에 실패했을 때 '두고 보자' 하는 자존심 등이 그것들이다.

중요한 것은 일상적으로 이렇게 다양하게 드는 생각과 마음들 중 어떤 것이 자신을 주로 지배하는가다. 그것에 따라 내 삶의 결과가 달라지기 때문이다. 그중 가장 중요하다 할 수 있는 것은 바로 '자존심'이다. 가끔은 '똥고집'이나 일본어의 '가오(체면)'와 같이 부정적인 의미로 사용되는 말이기도 하지만, 자존심 없는 사람처럼 가엾은 이는 없을 것이다. 자존심은 오만한 자세가 아니라 자신의 인격을 존중하는 마음이고, 우리의 의식이 부정으로 기울 때 좀 더 나은 방향으로 움직이도록 자신을 설득하는 내면의 소리이기 때문이다. 조직생활에서 역시 자존심을 걸고 그것을 회복하고자 하는 마음과 태도가 필요하다. 리더는 자신의 자존심뿐 아니라 멤버들의 자존심을 높여 사기를 유지시켜야 한다.

● 최상의 성과로 제대로 된 몸값을 받자

어느 조직이든 조직과 개인 간에는 조직에 대한 개인의 요구와 더불어 개인에 대한 조직의 요구, 즉 심리적 계약이 존재한다. 이 심리적 계약을 좀 더 자세히 구분해보면 개인 안정의 요소, 개인 성장의 요소, 조직 외부 요소, 조직 내부 요소로 나뉜다.

개인 안정의 요소는 급여, 복리후생, 근무조건 등 고용을 보장함으로써 발생되는 경제적인 측면, 즉 '고용 안전성'으로 대표된다. 개인 성장의 요소에는 자기개발, 자율성 등이 해당되는데, 이것을 요약하면 직업인으로서 자신의 가치를 높여 사회에서 원하는 재취업의 기회를 얻는 '재고용 능력'이라 할 수 있다. 조직 내부의 요소는 팀워크, 조직 충성 등의 관계적 요소로 규범을 준수하고 애사심을 발휘하는 '충성심'에 해

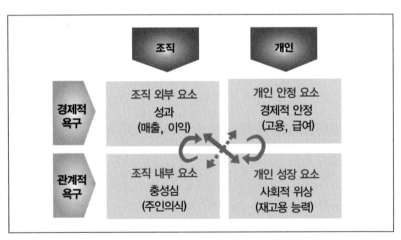

:: 그림 11. 조직과 개인의 심리적 계약

트랩 : 조직의 발목을 잡는 32가지 착각

당되고, 조직 외부의 요소는 사업 다각화, 매출 증대, 자원 활용 등 조직이 새로운 기회를 창출함으로써 달성하는 '성과'로 나타난다.

전통적으로 조직과 개인은 상호간에 심리적 계약 관계를 유지해왔다. 조직은 개인에게 고용의 안전성을 보장하고 개인은 그 대가로 조직에 충성심을 발휘하는 것이 그것이다. 그러나 이러한 계약 관계는 점차 새로운 형태로 변화되고 있다. 새로운 계약하에서 조직 구성원들에게는 최고 수준의 경쟁력과 성과를 창출할 책임이 부여되고 이에 대한 보답으로 조직은 학습과 경험의 기회를 제공하면서 사회에서 재고용될 수 있는 능력을 제공한다. 즉, 개인들의 몸값을 높여주는 것이다. 따라서 이제 조직 구성원들은 고용을 보장받는 대신 조직에 충성해야 하는 위치를 떠나 자신의 사회적 능력을 높이면서 최고의 성과를 보여줘야 하는 책임을 갖게 되었다. 다시 말해 조직 구성원들은 조직과의 당당한 관계 속에서 회사가 요구하는 최상의 성과를 내고 이에 상응하는 사회적 위상과 몸값을 높여 사회 어디에서도 고용될 수 있는 능력을 확보해나가야 하는 것이다.

조직이란 언제나 냉정한 이익을 추구하는 2차 집단이다. 개인에 대한 평가결과에 의해 조직과의 계약 관계가 팽팽히 유지되어야 조직원 개인도 조직에 요구할 것을 당당하게 요구하면서 자기실현의 장을 펼쳐 갈 수 있다. 따라서 이 상호 관계에 상응하는 기여를 하지 못한다고 조직이 판단하는 순간 해당 구성원들은 계약 파기에 따른 희생자가 될 수 있다. 동시에 리더가 맡고 있는 부문 차원에서도 조직이 원하는 성과를 내지 못하면 팀의 존재 이유가 사라져버린다는 사실을 리더들은 명확히 인식해야 한다. 조직은 '구성원들이 우리의 자산'이라고 늘 표방하지만, 리더는 자신이 A급 인재로 인정받지 못한다면 그가 이끄는 팀이나 구성원 모두 그 조직의 자산으로 평가받을 수 없다는 사실을 명심해야 할 것이다.

혁신에서 가장 중요한 것은 핵심 프로세스의 실행이다?

[나착각 과장의 생각]
혁신 활동은 그에 관한 매뉴얼이나 정보들을 많이 참고해서 추진하면 된다.
다른 조직에서 검증된 많은 혁신 기법들을 도입하기만 해도
절반은 성공한 것이나 다름없다.

● 매뉴얼대로 되지 않는 것이 혁신이다

L경제연구원의 조사에 의하면 국내 100대 기업 중 65개 기업은 혁신 활동에 실패한다고 한다. 조직 혁신이라는 것이 대부분의 조직에서 상시적으로 전개되는 전사적인 활동이라는 점을 고려하면 35퍼센트의 성공률은 무척 낮은 편이라는 것을 알 수 있다. 더구나 절반이 넘는 65퍼센트 정도의 기업은 시간과 인력을 투입한 혁신 활동에서 실패해 오히려 경영 성과를 약화시킨다고도 하니, 제대로 이루어지지 않는 혁신 활동은 오히려 조직에 독이 될 수 있다고도 하겠다.

실패의 이유로 꼽히는 것은 대략적으로 '변화에 대한 조직원들의 거부' '문제 해결 능력의 부족' '경영자의 리더십 부족' 등이 있다. 또한 '초기에 전사적인 위기감은 조성했지만 비전 창출에 실패해 지향점을 잃은 경우' '비전은 만들어 공유했지만 과정에서 몰입을 유도하지 못한 경우' '단타 위주의 활동을 반복해서 변화에 가속도가 붙지 않고 에너지가 분산되는 경우' '도입만 되고 제대로 정착되지 않은 경영혁신 기법이 너무 많은 경우' 등이 실패 사례의 대표적인 전형에 해당된다.

경영학자들이 발표하는 새로운 주제와 실제 경영활동 사이에는 상관관계가 있다고 한다. 경영학자들의 새로운 주장을 따르거나 '다른 회사들이 하고 있으니 우리도 한다'는 식으로 경영패션을 추종하는 경우가 매우 자주 일어나는데, 이것이 실패의 원인이 된다는 것이다. 조직에서의 혁신 활동은 경영자와 리더들의 결정에 의해 추진된다. 경영 트렌드를 감지하고 조직의 상황을 판단해 어떤 활동을 전개할지를 결정해야 하는 리더들은 외부의 경영패션을 추종하거나 단지 보이기 위한 일을 기획하는 것이 아닌지를 늘 자문自問해야 한다.

● 혁신의 성패는 리더십의 역할에 달려 있다

그렇다면 일반적인 '혁신 활동'은 구체적으로 어떤 과정을 통해 이루어지는지부터 알아보자. 통상적으로 조직의 혁신 활동은 합리화와 활성화가 반복되는 활동이다. 합리화 활동은 구조조정이나 생산성 향상, 프로세스의 개선, 사업 구조조정 등 고통스러운 원가절감 활동을 말한다. 고통 분담이나 개별 사업부문의 독립 채산성을 강화시키는 활동을 통해 에너지나 자원이 확보되면 그것을 바탕으로 다음의 활성화 단계를 밟아 가게 된다.

활성화 단계에서는 기회를 모색하고 새로운 서비스와 문화를 만들어 가는 등 사업부문들 간의 시너지를 추구하는데, 이러한 활동을 통해 희망과 재충전을 경험하고 나면 다시 합리화의 단계로 옮겨갈 수 있다. 그런데 씁쓸하고 시큼한 합리화의 단계와 달고 향기로운 활성화의 단계를 구분해서 추진하는 것보다는, 이 두 단계를 지그재그로 교차하며 전개해야 효과적이라는 것이 정설이다. 마치 리더가 조직을 이끌 때 당근과 채찍을 함께 사용하며 리더십을 발휘하는 것과도 유사하다.

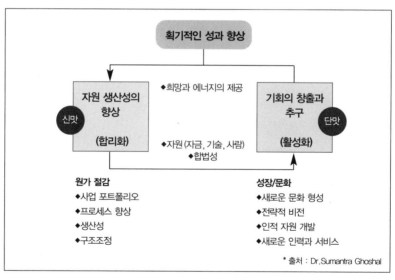

:: 그림 12. 조직 혁신 프로세스

그런데 조직 혁신의 성공에 있어 이러한 프로세스의 실행보다 중요한 것은 '제대로 작동하고 있는 리더십'이다. 실제로 혁신 활동에 실패하는 기업들과는 대조적으로, 혁신적 리더십을 효과적으로 발휘하여 조직 구성원들로 하여금 혁신에 동참하게 하는 기업은 성공을 거둔다고 한다. 조직 혁신의 필요성을 판단해서 프로세스를 주도해가는 사람은 그 조직의 리더이기 때문이다. 그렇기에 리더들은 핵심 요소들을 리드미컬하게 조절하면서 조직이 지금 어느 단계에 있고 활동이 계획대로 전개되고 있는지에 대한 객관적인 시각을 가져야 한다.

필자가 과거 해외 기업의 혁신 활동을 벤치마킹하면서 들었던 가장 인상적인 충고는 '위기의식은 날마다 새롭게 초대되어야 한다Endless crisis revisit'는 것이었다. 조직의 상황이 아무리 좋더라도 위기의식을 통한 긴장감이 낮아져서는 안 된다는 뜻이다. 하지만 위기의식을 잘못 조장하면 무사안일주의적인 분위기보다 더 큰 문제가 될 수 있다. 조직의 상황이 어렵다며 생산성과 거리가 먼 일들을 부산하게 벌리도록 하거나, TF팀을 만들어 날마다 회의를 소집하며 쥐어짜기만 한다면 구성원들이 위기에 무뎌지고 자기보호를 위해 숨어버릴 수도 있기 때문이다. 변화와 리더십 분야의 대가인 미국 하버드 대학교의 존 코터John Kotter 교수는 「조선일보」 '위클리비즈'와의 대담(2010.12.18)에서 '겁먹게 하는 상황에서도 조직을 진정시켜야 기회가 있다'는 점을 주지시키고, 기회를 발견했을 때 사람들이 느끼는 흥분을 엮어 진정한 위기의식으로 승화시켜야 한다고 주장했다. 갑판에 불이 붙었으니 뛰어내려야 한다는 식으로 위기감을 조성해 조직을 일깨웠다면, 사람들의 두려움을 긍정적인 힘으로 바꾸어 거기서 벗어나야 하고 더 나은 곳으로 가야 한다고 말해야 한다는 것이다. 위기에 꼭 필요한 것은 '긍정의 힘'이며, 비전과 기회를 보여줄 때 진정한 위기의식이 생길 수 있다는 것이다.

그런데 대부분의 조직 관련 법칙들은 리더가 맡고 있는 팀이나 리더 자신에게도 적용될 수 있다. 리더들이 단위 조직의 변화를 추진하거나 스스로의 변화계획을 세울 때에도 위기의식을 갖고 조직 혁신의 원칙을 따라야 하며 리더 자신이 혁신 성패의 핵심 요소라는 점을 잊지 말아야 한다.

● 무늬만 혁신인 활동에도 맞서야 한다

조직 혁신이 효과적으로 전개되기 위해서는 혁신 프로세스상의 일곱 가지 요소가 고려되어야 한다. 가장 중요한 첫 번째 요소는 전사적으로 위기의식이나 절박성을 공유하는 것이다.

위기감이 없으면 조직이 자만심에 차서 '왜 지금 이런 활동을 해야 하지?' 하는 의문을 갖게 되어 혁신 활동이 시작될 수가 없다. 이를 극복하기 위해서는 높은 기대치를 설정하고 경영 지표나 성공 사례들을 제시하면서 강력한 드라이브를 걸어야 한다. 즉, 혁신의 이유가 분명해야 할 뿐만 아니라 구성원들도 혁신을 갈망하고 있다는 공감대를 확산시켜나가야 하는 것이다. 조직 내에 무기력한 분위기가 퍼져나가고 리더에 대한 신뢰가 저하되거나, 변화에 대한 의지와 에너지가 없다면 조직은 유지될 수 없다. 자만심에 빠진 조직들은 위기의식도 없이 평이한 목표를 세우고 자원을 마구 유용하는가 하면, 근거 없는 낙관론들을 양산하며 또 그것을 쉽게 믿곤 한다.

절박성의 인식에 이은 조직 혁신 프로세스의 주요 요소들로는 이해관계자의 지원 확보, 비전과 전략의 재정립, 비전의 전파, 조직원들의 참여, 초기 성공 사례의 확보, 시스템과 조직 구조의 정착을 들 수 있다. 혁신 활동은 여러 부문이 함께 추진하는 것이기 때문에 이해 관계자들의 지원을 얻어내야만 저항을 감소시킬 수 있다.

또한 초기 단계에서는 비전과 리더십을 확립시킨 뒤 조직원들을 활동에 참여시키고, 객관적인 진도 관리를 통해 성공하는 사례들이 나오도록 해야 한다. 작은 성공 체험들이 쌓이면 구성원들 내에서 '이렇게 하면 되겠다'는 인식이 확산되는데, 리더나 조직 차원에서는 그것을 다시 조직 구조나 시스템으로 정착시킬 제도를 마련해야 한다.

만일 혁신 활동 중에 이해관계자들의 지원을 받아내지 못하면 혁신의 당위성을 확보하기 어려워지고, 비전이 제대로 설정되지 않으면 잘못된 방향으로 오도될 수 있다. 비전의 전파가 부진하면 혼란과 저항이 일어나기 쉽고, 구성원들의 참여를 이끌어내지 못하면 추진 조직이 좌절감을 느끼게 된다. 또한 성공을 체험하는 경험을 갖지 못하면 냉소적인 분위기가 만들어져 동력을 상실하고, 조직 시스템으로 정착되지 않으면 이 모든 활동이 일회성의 낭비된 노력으로 사장되고 만다.

그런데 어떤 경우에는 경영진들이 숨겨진 의도를 관철시키기 위한 활동을 무늬만 혁신인 활동으로 포장해서 전개함으로써 혁신의 정당한 가치를 퇴색시키기도 한다. 성과가 있었음에도 불구하고 막연한 위기감을 조장해 직원에 대한 당장의 보상을 줄이려고 한다거나, 경영진이 바뀔 때마다 비전을 맘대로 수정해버리거나, 창조적인 비판을 하면 불만세력으로 몰아가는 조직이 이러한 예에 해당된다. 이런 조직에서는 시스템이 오히려 혁신을 가로막고 있거나, 이해할 수 없는 불공정한 평가가 단번에 냉소적인 조직 분위기를 형성해버리거나, 구성원들 대부분이 공감하는 문제임에도 불구하고 리더 중 어느 누구도 나서서 문제를 제기하지 않는 현상들이 일어난다. 더불어 고객과 시장보다는 단기 매출 실적을 더 중시하고, 대외적인 정책의 판단은 위법이 아닌 최소한의 기준을 지키는 선에서 결정한다. 리더들은 변화를 강조하면서도 정작 자신들은 전혀 바꾸려 하지 않고 오히려 두려움을 조장해 위협을 가하기도 한다.

이런 조직이야말로 혁신이 반드시 필요한 곳이지만, 실제로는 체계적인 혁신 활동이 전개되는 것이 아예 불가능할 뿐 아니라 조직의 존립마저도 위험하다고 봐야 할 것이다. 조직 차원의 혁신은 때때로 이런 상황에도 맞서서 추진해야 하는 사명감과 위험감수를 요구하는 활동이다. 그와 동시에 앞의 일곱 가지 요소 중 하나만 잘못되어도 성공이 어려워지는 만만치 않은 활동이라는 점을 리더는 기억해야 할 것이다.

저항에는 단호히
대처해야 한다?

[나착각 과장의 생각]

공개적으로 혁신을 방해하는 사람들이나 팀을 방치해서는 안 된다.
혁신에 대한 조직적인 저항에는 단호하게 대처한다는 일벌백계의 메시지를
구성원들에게 보여주면 저항이 감소할 것이다.

● 누구도 대놓고 저항하진 않는다

　조직 차원의 혁신 활동을 전개하다보면 물리적인 피로감이 발생한다. 그런데 이것이 정신적인 수준으로까지 발전되면 조직 구성원들의 저항을 피하기 어려워진다. 저항이 일어나는 가장 큰 원인은 '현재에 안주하려는 관성'과 '변화에 대한 두려움'이다. 또한 조직원들이 혁신을 자신의 이익과 배치되는 것이라고 여기거나 자만심에 차 있을 때, 혹은 자신감이 낮거나 근시안적인 시각을 갖고 있는 경우, '우리 조직에서 혁신은 시기상조'라고 느끼거나 변화의 내용과 방법을 잘 모를 경

우에는 저항이 강해질 수 있다. 이는 리더가 소속 팀을 변화시키려고 할 때 멤버들로부터 겪게 되는 현상과 마찬가지다. 조직 혁신에 대한 구성원들의 저항이나 불만은 리더를 통해서 상부로 전달되기 때문에 이를 중간에서 조율해야 하는 리더의 역할은 혁신 과정에서 매우 중요하다.

사실 저항한다는 것 자체에 문제가 있다거나 저항이 무조건적인 반대의 표현이라고만 보기는 어렵다. 저항은 혁신을 추진하는 사람들의 잘못 때문에 야기될 가능성도 있기 때문이다. 혁신 활동에는 저항이 있을 수밖에 없는데, 혁신 과정에서의 문제점들은 오히려 이러한 저항을 통해 보완될 수 있다.

그러나 이기적인 관점이나 목적 때문에 혁신에 걸림돌을 만들려는 저항까지 묵인해서는 안 된다. 변화에 따른 혜택이나 손해가 예상되면 변화를 촉진하고 싶어 하는 집단과 변화를 억제하고 싶은 집단이 생기기 마련이다. 이럴 경우에는 변화로 인한 손해 때문에 제동을 걸고 싶어 하는 후자와 같은 집단에게 새로운 대안이나 시너지를 낼 수 있는 방안을 제시해주어야 한다.

하지만 이기적인 저항 세력들이 조직 혁신의 대의명분에 대해 대놓고 반발하기란 쉽지 않다. 그러다보니 변화에 대한 반대 의견을 직접적으로 표현하기보다는 교묘한 방식으로 그것을 방해하고자 하는 것이 보통인데, 이렇게 잘 드러나지 않는 작은 저항의 조짐들에 대응하지 않으면 커다란 균열이나 저항을 막을 수 없다. 다음은 과거 해외 선진기업에서 확인되었던 저항의 양상들인데, 잘 살펴보면 우리의 경우와 크게 다르지 않음을 알 수 있다.

- 보다 상세한 정보를 달라고 요청한다.
- 매우 장황하게 설명한다.
- 너무 바빠서 시간이 없다고 한다.
- 상대의 의견이 비현실적이라고 한다.
- 아주 심각한 내용의 메시지를 전달받았음에도 불구하고 전혀 놀라거나 당황하지 않은 척한다.
- 어떤 내용에 대해 계속해서 잘 이해가 되지 않는다고 말한다.
- 아무런 반응을 보이지 않고 침묵한다.
- 결정을 늦추고 현 상황에 집착한다.
- 이견이나 갈등을 의도적으로 피한다.
- 무조건 동의해버린다.
- 방법론에 대한 회의를 표현한다.
- 상황이 점점 나아지고 있다고 낙관적으로 생각한다.
- 언행이 거칠어지거나 의견에 대한 반대 주장을 하기 시작한다.

위와 같은 다양한 형태의 저항에는 기술적·정치적·문화적 요인들이 작용하고 있다. 기술적인 요인들에 대응하기 위해서는 전략적으로 조직을 진단하고 조정하는 것이 필요하다. 문화적인 측면에서는 의식의 차이를 진단하고 개혁안을 경영 활동에 맞추어 추진하면서 새로운 문화를 만들어가도록 해야 한다.

그리고 정치적인 측면에서는 정치적 영향력을 파악해 협조관계를 구축하는 등 권력과 자원 배분을 조정할 필요가 있다. 특히 리더들이 정치적인 흐름을 제대로 파악하지 못하고 조율 감각이 떨어지면 저항이 강해질 가능성이 높다. 간혹 어떤 리더들은 '정치적'이라는 것을 '권모술수'로만 이해하기도 하는데, 이것은 올바른 생각이 아니다. 리더가 정치적인 역학 관계에 전혀 관심이 없고 일만 열심히 하면 된다고 생각하는 것은 무책임한 일이기 때문이다.

저항을 효과적으로 관리하려면 리더의 인식부터 바꿔야 한다. 즉, 저항을 무조건 안 좋은 관점에서 바라보기보다는, 불가피하게 일어나는 현상일 뿐 아니라 균형감을 유지할 수 있게 하는 대상으로 보는 것이 좋다는 것이다. 이러한 리더는 저항이 예상되는 집단이나 개인들에게 혁신의 필요성과 방법에 대한 구체적인 정보를 제공하고, 혁신 활동에 참여할 수 있는 기회를 제공한다. 그와 동시에 객관성과 일관성을 통해 신뢰를 확보하고 가시적인 성과를 단시간에 보여줌으로써 저항을 감소시키기도 한다. 저항이 예상되는 사람들과는 혁신의 전 과정에 걸쳐 지겨울 정도로 의사소통을 하는 것도 효과적인 방법이 될 수 있다.

● 혁신 리더의 여덟 가지 필요 역량

앞에서 살펴보았듯 조직에서 펼쳐지는 혁신 활동은 많은 저항들로 인해 그 성공률이 낮은 편이다. 이것은 바꿔 말하면 혁신을 이끌어야 하는 리더에게는 난관을 돌파하는 데 필요한 수준 높은 역량들이 요구된다는 뜻인데, 그 역량들은 다음의 여덟 가지로 요약할 수 있다.

첫 번째는 '강인함'이다. 혁신을 추진하는 과정에서는 장애와 저항이 있기 마련이므로 무엇보다도 먼저 '강인함'이 있어야 한다. 이는 건방지거나 위협적이지 않으면서도 권위를 유지하는 능력으로, 권위적이지는 않지만 권위가 있어야 한다는 의미다. 두 번째는 다른 사람들의 말을 '경청하는 능력'이다. 상대가 말하는 내용뿐 아니라 그 이면에 깔려 있는 생각과 감정까지 읽을 수 있어야 많은 부문이 연관된 혁신 추진이 용이해지기 때문이다. 또한 언어적, 비언어적 의사소통 모두를 감지할 수 있는 '직관력'과 사람들을 설득하기 위해 자신의 의견을 명확하게 제시하는 '전달력', 주어진 일정에 맞게 과제를 추진할 수 있는 '시간 관리 능력'과 정보를 일목요연하게 제공하고 조직을 구조화하는 '조직화 능력' 등도 리더에게 요구되는 것들이다.

이런 역량과 함께 전 과정에서 잊지 말고 견지해야 하는 것은 '중립성과 객관성'이다. 사심이 작용하거나 공정성이 손상되면 어렵게 진행되고 있는 변화의 노력들을 일거에 날려버릴 수도 있는 탓이다. 마지막으로 혁신을 주도하는 리더라면 혁신 과정에서 불가피하게 부딪히는 주위의 비평이나 비난도 기꺼이 감수할 수 있는 '위험 부담 능력'이 있어야 한다. 혁신 활동의 성공 확률이 낮기 때문에 높은 수준의 역량이 혁신 리더에게 요구된다.

혁신 활동에 대한 저항과 마찬가지로, 리더가 주관하는 회의도 효과적으로 관리되지 않으면 성과 없는 4무無 회의가 될 수 있다. 이는 '회會

하되 의議하지 않고, 의하되 결決하지 않고, 결하되 행行하지 않고, 행하되 수守하지 않는 회의'를 말한다. 다시 말해 제대로 논의가 진행되지 않거나, 중요한 의결 사항을 결정하지 않거나, 결정된 사항이 실행되지 않거나, 실행 시에 지켜야 할 것이 준수되지 않는 회의인 것이다. 조직 내에서 쉽게 발견되는 이러한 '4무 회의'는 조직의 효율성을 떨어뜨려 리더십 발휘에 큰 장애가 된다.

다음은 회의를 방해하기 위한 다양한 전략들인데, 이것을 보면 리더가 어떻게 회의를 이끌어나가야 하는지에 대한 힌트를 얻을 수 있을 것이다.

- **지각** 절대 제시간에 가지 않음으로써 풋내기 인상을 주지 않으려 한다.
- **은둔** 다른 사람이 내가 있기를 원하는 시점이 지날 때까지 모습을 나타내지 않는다.
- **침묵** 회의가 반쯤 진행될 때까지 발언하지 않음으로써 박식하다는 인상을 주려 한다.
- **추상** 발언을 되도록 막연하게 하고, 다른 사람을 자극하지 않으려 한다.
- **지연** 논의를 한없이 늘어뜨려 다른 사람들을 굴복시킨다.
- **간섭** 상대방의 의사 발언 규칙의 위반 등 회의 절차를 문제 삼는다.
- **기습** 타이밍을 봐서 회의를 중단시킨다.
- **철수** 조용히 퇴장한다.
- **담합** 참석자 수를 늘리거나 측근들을 데리고 간다.
- **공격** 발언자의 정확성이나 진실성을 강하게 반박한다.

■ **교차** 참석자들의 주의가 산만해지도록 새로운 화제를 끄집어낸다.

■ **무의미화** 상대방에게 동전 던지기 등 운수 승부를 제안한다.

■ **무작위 추출** 상대가 즉석에서 반론할 수 없는 한정된 사실을 회의 도중 제시한다.

■ **번복** 회의의 목적을 과장했다가, 의도 이하로 소집되었다고 번복한다.

■ **개입** 남보다 먼저 휴회를 제안함으로써 인기를 얻으려 한다.

■ **연기** 의견이 엇갈리면 다음에 소위원회를 열어 처리하자고 제안한다.

■ **무시** 상대방의 말이 끝나지 않았는데 회의를 마친다.

■ **역습** 같은 시간 다른 곳에서 회의를 소집한다.

몰입은 구성원 스스로 하는 것이다?

[나착각 과장의 생각]
조직의 성과 창출을 위해서는 조직원들로 하여금 일에 몰입하게 해야 하는데,
이를 위해서는 그들에게 변화의 필요성을 인식시킴은 물론 운영 시스템도
타이트하게 관리해야 한다.

● 몰입의 조건을 정확히 파악하라

긍정심리학의 대가인 미하이 칙센트미하이Mihaly Csikszentmihalyi 교수는 『몰입의 즐거움Finding Flow』에서 "목표 수준과 능력 수준이 팽팽하게 만나는 지점에서 몰입이 일어나기 때문에 '집중의 상태flow'를 유지해야 행복해진다"라고 말했고, 프랑스의 심리학자 피에르 자네Pierre Janet는 '몰입하면 시간이 빠르게 흘러가지만 회상해보면 그 시간 안에 가치 있는 활동들이 꽉 들어차 있어 오히려 길어 보인다'는 '시간의 법칙'을 발표했다. 서울대 황농문 교수도 『몰입』이라는 책에서 미적분을

푸는 중학생들처럼 슈퍼맨이 된 듯 아이디어가 샘솟아 문제를 해결하는 몰입 상태에 이르기 위한 자신의 방식을 설명했다.

이처럼 이미 잘 알려지고 주목받은 개념인 '몰입'은 성공적인 변화를 위한 핵심 요소이기도 하다. 몰입하면 하는 일에 행복감을 느끼게 되고 창의적인 아이디어가 도출될 뿐 아니라 다른 보상이 없더라도 스스로 재미와 성취감을 얻을 수 있어 고통을 견디는 것도 가능해진다. 리더가 몰입하면 구성원들이나 팀의 몰입 또한 촉진되는데, 이러한 몰입 수준을 확인하고 적절한 개입을 통해 몰입을 유지하는 것도 리더의 주요한 역할 중 하나다.

그런데 구성원들의 몰입 수준을 높이는 방법은 그들에게 변화의 필요성을 인식시킨다거나, 조직 운영 시스템을 타이트하게 관리하는 식의 것들이 아니다. 다음 그림에는 자기 주도적 목표, 자기 효능감, 자기 통제

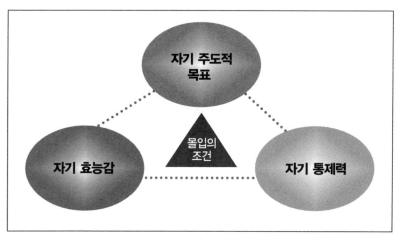

:: 그림 13. 몰입의 조건

트랩 : 조직의 발목을 잡는 32가지 착각

력 등 개인을 몰입시키는 데 필요한 세 가지 요소가 나와 있으니 하나씩 살펴보도록 하자.

자기 주도적 목표는 우리가 평소에 운동을 하는 원리, 즉 '과부하의 원칙' '부하량 증가의 원칙' '운동 순서의 원칙' '개별성의 원칙'과 그 맥이 유사하다. 운동량 증가의 원칙은 자신이 들어 올릴 수 있는 능력 이상의 무거운 기구로 운동하면 그것을 견디려는 생리 기능이 작용한다는 것이고, 부하량 증가의 원칙은 운동의 효과를 높이려면 운동 기구의 무게와 운동 반복 횟수를 점차 높여가야 한다는 것이다. 운동 순서의 원칙은 작은 근육군이 큰 근육군보다 쉽게 피로해지므로 큰 근육군을 먼저 사용하면서 여러 신체 부위의 순환운동을 반복해야 한다는 것이다. 그리고 개별성의 원칙은 근력, 지구력, 운동 경험, 기구 숙달 정도에 따라 개인차를 고려하면서 운동을 해야 한다는 것이다.

이런 원칙들은 자기 주도적으로 목표를 세울 때에도 효과적일 뿐 아니라 구성원들로 하여금 목표를 설정하게 하는 데에도 적용해볼 수 있다. 즉, 좀 더 도전적인 목표를 추구해야 자신의 성장을 느낄 수 있고, 역량의 축적에 맞추어 조금씩 목표를 상향시켜가야 안주하지 않는 것이다. 그리고 워밍업→상체 또는 하체 운동→복근 운동→유산소 운동의 순서로 일일 운동계획을 짜듯이, 향후 진로와 자신의 수준을 종합적으로 고려해서 현 시점에 필요한 목표를 설정하되 자신의 스타일이나 주변 상황 등을 감안해야 흔들리지 않고 자기 주도적으로 목표를 관리할 수 있다.

자기 효능감은 자신이 가진 생의 가치와 유능성에 대한 확신으로, 자신에 대해 스스로 평가하는 개념이다. 즉, 자신을 좋아하고 자신이 하는 일에 자부심을 느끼면서 '내가 세상에서 얼마나 쓸모 있는 존재인가'를 인식하는 것이다. 자기 효능감과 반대되는 가장 위험한 심리 상태는 바로 자신이 쓸모없다고 느끼는 '무력감'이다. 성공을 거듭한 사람은 '성공 체험'이 즐거움과 의욕을 북돋게 한다는 사실을 알기 때문에 그 다음에는 훨씬 더 잘하려고 노력하고, 실제로 더 잘하게 된다. 이렇게 성공 체험이 또 다른 성공을 낳는 현상이 바로 '자기 효능감'이다. 이에 반해 실패를 거듭한 사람은 '학습된 무력감'에 빠져 자포자기해버리고 잘하던 일도 제대로 못하는 퇴행성을 보이게 된다. 이는 마치 어렸을 때부터 발목에 쇠사슬이 채워져 있던 아기 코끼리는 나중에 그것을 풀어줘도 도망갈 생각을 하지 않는 것과 마찬가지다. 특히 리더가 자기 효능감이 약하거나 무력감에 사로잡혀 있다면 일이 제대로 추진될 수 없으므로 더욱 심각한 문제라 하겠다.

자기 통제력은 미래의 더 큰 성취를 위해 현재를 투자할 수 있는 역량이다. 이는 스스로 설정한 목표에 전념할 수 있도록 자기를 규제하고 바람직한 행동에 대해 자기보상을 하면서 동기를 유발시키는 능력이다. 축구 스타 박지성은 처음 시작한 네덜란드에서의 해외생활을 묻는 인터뷰에서 "축구 교도소에 들어와 있다"라고 말했을 정도로 엄격히 자기를 통제하는 생활을 실천했다. 이렇게 2년여의 네덜란드 생활을 인내했기 때문에 이후 그는 맨체스터 유나이티드라는 명문구단으로 이적하여 성공적인 선수생활을 이어갈 수 있었다.

● 성찰하는 리더가 구성원들을 더욱 몰입시킨다

몰입의 전제로 반드시 거쳐야 하는 단계는 '성찰'이다. 우리가 성취하고 싶은 모든 일은 제약 요인을 수반하기 때문에 계획대로 진행되는 경우가 오히려 드물다. 달로 쏘아 올린 아폴로 11호가 거의 90퍼센트에 이르는 시간 동안 궤도를 벗어나 있었음에도 불구하고 무사히 달에 착륙할 수 있었던 것은 조금이라도 궤도에서 벗어나면 그때마다 곧바로 그것을 수정했기 때문이라고 한다. 이와 마찬가지로 리더는 자신과 조직의 현재 상황을 수시로 되돌아보고, 잘못한 것이 있다면 그것을 합리화하지 않고 솔직히 인정하는 성찰의 과정을 반드시 거쳐야 한다.

무언가가 잘못되었을 때 '부족했던 것은 내 능력이 아니라 노력'이라는 시각을 가지면 그것을 쉽게 극복할 수 있다. 예전의 어떤 실험에서는 중학생 수영 선수들에게 각자의 기록을 일부러 좋지 않게 알려준 후 능력과 노력 중 무엇에 문제가 있었는지를 스스로 평가하게 했다. 그리고 일정 시간이 지난 후 그들의 기록을 확인해보니 '능력이 부족했다'고 응답한 선수는 기록이 이전보다 더 떨어진 반면, '노력이 부족했다'고 했던 선수들은 향상되었다고 한다. 다시 말해 성찰은 '기본으로 돌아가라'는 메시지를 가장 잘 가동하게 하는 장치인 것이다.

가톨릭교회에서 하는 고해성사도 일종의 자기성찰 프로그램이다. 고해성사의 단계는 성찰-회개-결심-고백-보속이다. 평소 잠자기 전 몇 분간이라도 그날 하루에 대해 생각해보는 시간을 갖는 것이 자기 성찰에 큰 도움이 되듯, 고해성사의 첫 단계도 자기 성찰이다. 그런 뒤 남의 잘

못이나 나의 억울함보다는 나의 잘못에 집중해서 회개의 시간을 갖고, 잘못한 생각이나 말과 행동을 반복하지 않고 바르게 살 것을 결심하도록 한다. 그다음에야 가톨릭 사제에게 죄를 고백하고 보속의 기도를 함으로써 죄를 용서받게 되는데, 이 역시 자기 성찰의 과정을 거쳐야 행동의 변화가 일어난다는 생각을 바탕으로 하는 프로그램이라 하겠다.

성공하는 사람과 실패하는 사람들의 차이를 설명할 때 자주 이야기되는 것 중 하나는 그 이유를 노력과 운 중 어느 쪽으로 돌리는가의 차이다. 성공하는 사람들은 일이 제대로 진행되면 "제가 이번엔 운이 좋았네요"라고 얘기하고, 실패했을 때는 "제 노력이 부족했습니다"라며 자신의 잘못을 인정하는 경향이 있다. 반면 실패하는 사람들은 성공했을 때 "제 노력의 결과입니다"라고 하고, 실패했을 때 "아, 난 왜 이렇게 운이 안 따르지?"라고 말하곤 한다. 짐 콜린스도 이러한 내용을 '창문과 거울'에 비유하며 이야기한 바 있다. 그에 따르면 '성공할 때는 창문 밖을 내다보며 자기 이외의 요인들에 찬사를 돌리고, 일이 잘못될 때는 거울을 들여다보며 자신에게 책임을 돌리는 리더가 겸양과 의지를 겸비한 최상의 리더'라는 것이다.

● 성취하기 쉽게, 성취하고 싶게 만들어라

몰입을 통해 성과를 내려면 구성원들로 하여금 목표를 성취하고 '싶게' 하거나, 그들이 성취하기 '쉽게' 목표를 만들어나가야 한다. 성취하고 '싶게' 하려면 성공적인 미래를 상상하면서 작은 성취를 경험하게 하고 스스로의 보상을 통해 동기를 부여하도록 해야 한다. 성취하기 '쉽게' 하려면 자기 관찰을 거쳐 단기적인 목표를 수립하고 불안감이나 실패 기억을 제거하면서 변화 행동의 리허설을 반복하는 것이 효과적이다. 다시 말해 이것은 '구성원들이 몰입하는 정도는 상당 부분 리더에게 달려 있다'는 뜻이다.

리더는 스스로가 일에 몰입해야 할 뿐 아니라 자신이 맡고 있는 조직 역시 그렇게 만들어야 할 책임이 있다. 미국의 심리학자이자 경영컨설턴트인 키스 소여Keith Saawyer는 『그룹 지니어스Group Genius』라는 책에서 조직이 몰입하기 위한 열 가지 조건을 제시하고 있는데, 이것들을 자신이 리드하고 있는 조직과 한번 비교해서 생각해보자.

① **목표** 함께 일하면서 비전, 목표, 임무를 공유함

② **경청** 경청하면서 할 말을 미리 준비하지 않은 채 본능적으로 답하는 수준이 될 때 상호 활력을 줌

③ **완벽한 집중** 팀의 활동과 그 외의 것들 사이의 경계가 분명할 때 팀의 정체성이 생김

④ **리더** 멤버들이 스스로 행동과 환경을 제어할 수 있게 하는 리더의 존재

⑤ **자아혼합** 모두 하나가 되어 서로 협력, 논쟁, 피드백을 하면서도 마치 한 사람처럼 생각되는 신비로운 순간의 경험

⑥ **동등한 참여** 동등한 참여와 대등한 스킬 수준의 유지

⑦ **친밀감** 너무 친밀해져서 팀의 구성 효과가 떨어지지 않는 수준을 유지

⑧ **커뮤니케이션** 자유롭고 자발적인, 끊임없는 커뮤니케이션

⑨ **앞으로 나아가기** 경청과 이해를 바탕으로 새로운 아이디어를 만들어감

⑩ **실패 가능성** 실패의 가능성을 열어두고 실패의 교훈을 인정함

나착각 과장의 이야기 3

며칠 전 평소 사람 좋기로 소문난 오배려 대리가 나 과장에게 면담을 요청했다. 나 과장에게 있어 오 대리는 조용하고 사려 깊게 남들을 잘 도와줘 평소 별다른 신경이 쓰이지 않는 무난한 직원이었는데, 예상 외로 다른 구성원들과의 관계에서 스트레스가 너무 심하다며 다른 부서로 보내달라고 요구하는 것이었다. 사람이 좋아 남들이 부탁하는 일을 거절하지 못하다보니 일은 점점 많아지는데, 남에게 안 좋은 얘기를 하지도 못해서 속으로 스트레스가 쌓일 뿐 아니라 업무분장이 불명확한 일들이 오 대리에게 많이 넘어오면서 페이스를 잃게 되어 요즘엔 전에 해오던 일처리조차 제대로 못 하겠다는 것이다.

나 과장은 팀워크를 유지하려고 매주 커뮤니케이션 회의는 물론 격주로 회식을 하고 있고, 인사평가 때마다 직원 면담도 하는데 오 대리가 그런 고민이 있는 줄은 미처 알지 못했다. 나 과장은 평소 모든 직원들을 공평하게 대하려고 애써왔고, 갈등이 절대로 생기지 않도록 관리하면서 직원들의 화합을 위해 노력해왔다고 자부하고 있다. 그리고 팀이 행복한 대가족처럼 신뢰가 있어야 한다고 늘 강조하고 있는데, 왜 부하 직원들이 리더의 뜻을 알지 못하고 팀워크가 생기지 않는지 도무지 이해할 수가 없다. 자신과 다른 사고방식을 가진 직원들을 설득하기도 지쳤고, 직원들이 자신을 대하는 태도를 안 바꾸는데 리더가 먼저 변화 행동을 취할 수는 없기 때문에 이러지도 저러지도 못하게 되자 팀원들에게 섭섭함까지 들기 시작했다. 요즘엔 리더가 개입할 필요도 없는 각자의 갈등까지 면담해달라고 찾아오는 것도 짜증난다. 하지만 무엇부터 어떻게 관리방식을 바꿔야 할지, 오 대리 건은 어떻게 처리해야 할지를 생각하면 머리가 지끈지끈거린다. ●
:
●

T R A P !

개인차를 인정하면 조직 통솔이 어려워진다?

[나착각 과장의 생각]
가장 소중한 자산은 사람이다. 대부분의 팀원들이 좋아할 방식으로 공평하게 팀원들을 관리하면 자연스럽게 리더인 나를 따를 것이다. 개인의 차이를 지나치게 인정하는 것은 목표 달성을 위한 조직 통합에 장애가 된다.

● 제각각의 사람들, 다루는 방식을 달리해라

다음은 미국의 초등학교 교과서에 등장하는 이야기다.

어느 동물원 학교에서는 토끼, 오리, 다람쥐, 닭, 참새가 함께 공부를 하고 있다. 그런데 하루는 학교에 다녀온 토끼가 엄마에게 말했다.

"엄마, 난 학교가 너무 재미있어요! 오늘 달리기 시합을 했는데 내가 1등 했어. 다른 애들은 나하고 상대가 안 되더라고요!"

그런데 다음날 열린 수영 시합에서는 오리가, 그다음의 등산 시합에서는 다람쥐가, 그다음의 노래자랑에서는 닭이 그리고 춤추기 경연대회에서는 참새가 1등을 했다.

이 세상 70억의 사람들은 생김새뿐 아니라 생각도 모두 다르다. 함께 생활하는 가족도, 마음을 터놓고 대화를 나누는 친구들도 다른데, 하물며 직장에서의 관계는 가족이나 친구 관계보다 훨씬 더 냉정한 면들이 있으니 더 많이 다를지도 모른다. 일반적으로 서로에게 친밀감을 느끼면서 가까워지면 서로에 대해 잘 알고 있고 그들도 나와 비슷하게 생각할 것이라는 착각에 빠질 때가 많다. 어떤 상황에 화가 나서 마음이 통하던 사람에게 동의를 구했는데 오히려 그가 냉정하게 다른 의견을 제시했다거나, 평소에 우군이라 믿었던 매니저가 회의석상에서 나와 반대되는 의견을 개진해서 당황했던 경험이 한 번쯤 있지 않은가?

사람을 만나다보면 이유 없이 괜히 싫은 사람도 있다. 그런데 또 그 사람이 좋다며 따라다니는 사람들을 보면 더 답답해진다. 하지만 누군가가 싫은 것은 옳고 그름의 개념이 아니다. 사람은 다 다르고, 나와 '다른' 생각이 '틀린' 것이 아니라는 사실을 얼마나 빨리 깨닫느냐에 따라 우리의 인생이나 직장생활의 결과는 달라진다. 리더의 역할을 수행하면서 구성원들의 스타일이 달라서 애를 먹었던 경험은 대부분 있을 것이다. 내 입안의 혀도 내가 깨무는데 다른 사람이 나와 같기를 바라는 건 애당초 너무 낭만적인 발상이 아닐까? 아일랜드의 작가이자 심리상담가인 토니 험프리스Tony Humphreys 박사는 "상대방이 나와 다르다는 것은 그 자체로 신나는 일이며, 자기에게 없는 것을 그에게서 배울 수 있는 기회가 된다. 하지만 자존감이 낮은 사람은 이 차이를 자신에 대한 중대한 위협으로 인식한다"라고 말했다.

교류 분석을 창안했던 미국의 정신의학자 에릭 번Eric Berne 박사는 "과거와 타인은 바꿀 수 없다"라고 말했다. 지나간 과거는 당연히 바꿀 수 없고, 우리 자신을 바꾸는 것도 어려운데 어떻게 타인을 바꿀 수 있겠느냐는 것이다. 따라서 구성원과의 관계에 변화를 주고 싶다면 내가 그들을 대하는 방식부터 바꾸어 상대방이 '어? 이 사람이 전과는 달라졌구나'라고 생각하게 하면서 리더에 대한 대응을 바꾸어가도록 해야 한다는 것이다. 대인관계의 변화는 항상 나로부터 출발하고, 관계에 변화를 주려면 상대방에 대한 신뢰가 바탕에 깔려 있어야 한다.

미국과 같은 다원 사회에서는 다양성을 인정하는 문화가 강한 반면, 우리 문화는 상대적으로 배타적이고 나와 다른 것을 인정하지 않으려는 경향이 많다. 하지만 누구나 나름대로의 개성이 있고 장점이 있다는 것을 인정하는 것이 사람 관리의 출발점이 된다. 고장 난 시계도 하루 두 번은 시간이 맞고, 높이 나는 새는 멀리 보지만 낮게 나는 새는 자세히 볼 수 있다. 학창 시절의 친구들을 생각해봐도 이것은 마찬가지다. 처음엔 서로 스타일이 달라 반감을 갖고 있었는데, 함께 지내고 어울리다보니 나와 다른 차이점이 가치 있게 생각되어 가까워진 친구가 한두 명은 있을 것이다.

차이점을 가치 있게 생각한다는 것은 단순히 상대에 대해 동의하거나 인정하는 것이라기보다는, 그것을 존중하고 새로운 자극의 기회로 활용하는 것이다. 이와 같은 맥락의 이야기로, 중국에서 전해 내려오는 '화

트랩 : 조직의 발목을 잡는 32가지 착각

이부동和而不同'에 대한 일화를 생각해보자.

중국 춘추시대 제나라 경공景公이 신하들과 함께 자신의 영토를 둘러보고 있는데 일행을 향해 급하게 달려오는 사람이 있어 재상인 안자晏子에게 "저 사람이 누구인가?"라고 물었다. 안자가 "말을 저렇게 심하게 모는 사람은 양구거梁丘据뿐입니다"라고 말하자 경공은 "나도 말을 급하게 모는데 양구거도 그러하니 군신간의 화합和合이 이루어진 것 아닌가?"하며 기뻐했다. 그러자 안자는 정색을 하고 이렇게 말했다. "주군, 기뻐하실 일이 아닙니다. 화和는 서로의 부족함을 보충해 주는 것입니다. 주군께서 말을 급하게 다루신다면 저희는 말을 천천히 몰아 그 부족함을 채워드려야 합니다. 반면 동同은 한편에 무조건 뒤섞여 결국 망하는 것입니다. 양구거가 주군의 흉내를 내어 말을 급히 몬다면 그것은 '동'일 뿐입니다. 부디 주군께서는 '화'하시되 '동'하지는 마십시오."

여기서 유래한 화이부동은 '같음을 강조하기보다 다름을 인정하고 나아가 배려하고 공존하는 것'을 말한다.

리더가 균형 있는 인간관을 갖고 있지 못하면 구성원을 리드하는 데 한계가 있을 수밖에 없다. 리더는 조직을 이끌 때 '사람은 누구나 다 다르고 그 차이점이 상호 보완되면 더 나은 조직을 만들 수 있다'는 진리를 받아들이고 각자의 장점을 어떻게 살려 화합을 이루어 나갈지 고민해야 한다. 사람에 대한 유연성이 떨어지는 리더는 업무 처리에서도 그러할 가능성이 높다. 상사에 대해서든 부하에 대해서든 '내가 대접받고 싶은 대로 상대를 대접해야 한다'는 역지사지易地思之의 자세가 리더의 바탕이 되어야 할 것이다.

● 선택적 지각의 오류를 극복해라

인간은 자기의 관점에서 대상을 보고, 자신의 이익을 염두에 두어 판단하며, 처세술을 연마하고 정치적인 언행을 일삼는다. 이런 면에서 보면 태생적으로 인간은 이기적인 존재인지 모른다. 『갈등하는 본능』이라는 책에서 공병호는 "우리는 따뜻한 마음을 가진 사람들을 인간답다고 말하지만 이런 반응들은 집단생활을 하는 동물들에게도 있다. 동물과 구분되는 가장 인간다운 특성은 냉정한 논리와 이성, 계산 같은 것들이다. 가장 인간다운 것들은 이런 차가운 것들임에 분명하다"라고 말했다. 이렇게 생각하면 '인간적'이라는 단어는 따뜻한 마음이 아닌 '계산적이고 간교함'이라는 뜻으로 해석되어야 할지도 모르겠다. 조직 내에서도 절대적인 가치를 추구하기보다 자신을 포장하고 보여주기 위해 일하는 사람들을 우리는 얼마나 자주 만나게 되는가?

인간이 자기중심적인 존재여서 그런지 사회생활을 하다보면 커뮤니케이션에 있어 예상치 못했던 문제를 자주 경험하게 된다. 커뮤니케이션의 중심에 있는 사람들이 서로 다른 관점에서 메시지를 해석하는 경우가 다반사인데, 여기서 문제가 발생하곤 하는 것이다. 조직 내에서도 부서 이기주의나 직급별 견해 차이 등 부정적인 프리즘이 작동되면 공유하는 정보가 부족해지고 일방적인 지시가 난무하는 등 커뮤니케이션의 위기를 맞을 수 있다. 특히 리더와 구성원 간의 간극은 문제해결을 어렵게 만든다.

사실 정보가 정확하게 전달되고 상식적인 오류만 해소되어도 일정 수준 이상의 성과는 얻을 수 있다. 그런데 어느 조직이나 사람들의 의도나 희망이 있고 선택적으로 상황을 지각하기 때문에 왜곡 현상이 발생하고, 여러 경로를 거쳐 소통이 이루어지는 탓에 특정 부분에서만 문제가 생겨도 전체 커뮤니케이션상의 문제가 발생하는 것이다.

커뮤니케이션의 요소들이 제한적인 상황에서 실험을 해보면 누구나 상황을 있는 그대로가 아닌, 자신이 보고자 하는 것만을 보는 '선택적 지각의 오류'를 범한다는 사실을 발견할 수 있다. 일어난 사실이나 정보를 정확하게 인지하는 것이 아니라 자신이 갖고 있는 프리즘을 통해 판단하기 때문에 똑같은 상황에 대해서도 서로 다른 결과물을 들고 자기가 맞다고 고집하는 것이다. 따라서 각자가 보고 있는 인식이나 이미지를 꺼내 다른 사람들의 그것과 비교해볼 필요가 있다. 리더는 팀내 의견이 불일치할 때 각자가 보고 있는 시각이 서로 다름을 알려줌과 동시에, 사격에서 조준선을 정렬하고 탄착군을 확인하듯 구성원들의 상황 인식을 목표 지점에 정확히 맞춰줘야 할 것이다.

효과적인 커뮤니케이션을 위해서는 듣기와 말하기의 기본에 충실해야 한다. 말하기는 적극적으로 나를 알리는 노력이고 듣기는 남들의 피드백을 받아들이는 것이다. 조직생활을 하다보면 스스로 자신을 잘 모르는 사람들을 많이 만나곤 한다. 이런 사람들은 객관적으로 자신을 보지 못하고 기존의 방식을 독단적으로 고수하는 전제형의 리더가 되기 쉽다. 또는 자신에 대한 주변 정보를 전혀 노출하지 않거나 특정 이슈에 민감하게 반응하는 리더도 있는데, 이 경우 주변에서 그 사람의 실체를 파악하기가 어렵기 때문에 신뢰 관계를 형성하는 것도 불가능해진다. 그러므로 자신이 보고 싶은 것만 보는 지각상의 오류는 지극히 당연한 현상이라는 점을 알고 열린 소통을 위해 노력하는 것이 리더가 해야 할 일이다.

강점 강화가 약점 보완보다 좋다?

[나착각 과장의 생각]

약점 보완은 생각보다 어렵기 때문에 강점에 집중, 그것을 강화하는 것이 효과적이다. 팀원들의 강점을 키우는 데 역점을 두면 균형 있는 행동 유형이 만들어질 것이다.

● 강점의 트랩을 경계해라

퇴근 무렵의 어느 사무실에서 팀장이 제안한다.

"우리 오늘 오랜만에 다 모였으니 번개 회식 한번 하는 것 어때?"

그러자 팀원 A는 "야호! 좋습니다!"라며 반기는 반면, B는 "아니 팀장님, 회식은 사전에 얘기해주셔야지 이렇게 갑자기 정하시면 어떻게 합니까? 저는 선약이 있어서 오늘 못 갑니다"라고 말한다. 이 말을 들은 팀원 C는 "이렇게 모이는 거, 한 달 만이잖아요. 약속 조정하고 함께 가시죠"라고 강하게 권하고, D는 조용히 나가서 선약을 취소한다. 이렇듯 사람

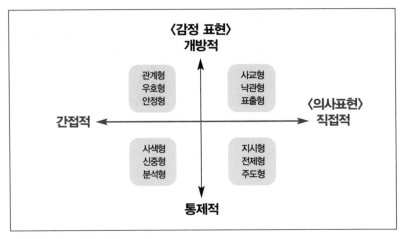

:: 그림 14. 대인 관계에서의 행동 유형

들은 평소에 일하거나 사람을 대할 때뿐 아니라 일상생활의 스타일 등에
서 서로 다른 면을 보이는데, 부하 직원들을 리드하며 조직을 이끌어갈
때에는 각 구성원들의 유형을 정확히 파악해 관리해야 한다.

대인관계에서 나타나는 개인의 행동 스타일은 흔히 매트릭스식 사분
면으로 구분된다. 가장 기본적인 구분법은 '의사표현의 직접성'과 '감정
표현의 개방성'을 두 축으로 해서 사교·낙관·표출형, 관계·우호·안
정형, 사색·신중·분석형, 지시·전제·주도형 등 네 가지로 나누는 것
이다.

각 유형의 특성들을 간단하게 살펴보면, 감정 표현이 개방적이고 의
사결정이 직접적인 '사교형'은 남들이 자신를 어떻게 보고 있는지에 관
심이 많다. 이 유형은 호기심이 강하고 감정적이며 자기중심적이고 나서
기를 좋아한다. 변화에 개방적이고 다양한 가능성을 찾는 융통성 있는

160

성격이지만 다소 과장이 심하고 즉흥적이어서 체계성이 떨어질 수 있다.

팀워크와 우정을 중시하고 헌신적으로 남을 배려하는 '관계형'은 겸손하고 신뢰가 가는 스타일이다. 남을 위해 인내하면서 개인적인 몰입감을 좋아하고 안정감을 중시한다. 하지만 위험과 변화를 싫어하고 다른 사람을 너무 쉽게 믿거나 귀찮게 하는가 하면 자기비하적인 성향을 보일 때도 있다.

이에 반해 감정 표현이 통제적이고 의사 표현이 간접적인 '사색형'은 신중하고 침착하게 정확성이나 논리성을 추구하며, 원칙과 공정함을 지키고 과정과 절차를 중요시한다. 하지만 혼자 일하는 것을 좋아하고 지나치게 완벽을 추구하며, 의심이 많고 고지식해서 쩨쩨한 느낌을 줄 수도 있다.

마지막으로 '지시형'은 감정 표현은 자제하면서도 의사는 직접적으로 표현하고, 자신감이 강하고 야심차게 일을 추진하면서 경쟁을 즐기는 스타일이다. 이 유형의 인물들은 승부 근성이 있어 신속한 목표 달성을 추구하고 위험도 과감히 감수한다. 하지만 통제적인 성향이 강해서 독단적으로 흐를 수 있고 사람에 대해서 비판적이거나 무감각해서 갈등을 초래할 가능성이 높다.

각 유형의 이들은 추구하는 가치도 다르다. 사교형의 경우는 '저 좀 봐주세요' 하는 식의 인기와 위신을, 관계형의 사람들은 '제가 얼마나 가치 있는 사람인지 아세요?' 식의 성실과 안정을, 사색형은 '저의 효과성에 주목해주세요' 하는 식의 정확성과 합리성을, 지시형은 '나를 따르라, 아니면 사라져' 식의 힘과 통제권을 바란다. 여기에서 알 수 있듯이 많은 리더들은 각자의 유형에 따라 의사결정 방식, 강점이나 두려움의 요소, 선호하는 환경, 사무실의 이미지, 자신이나 타인에 대한 인식, 평소의 업무처리 방식 등 모든 것이 다르다.

사회생활을 하는 사람들이라면 누구나 여러 유형의 특성을 복합적으로 가지고 있지만, 그중에서도 지배적으로 사용하는 유형이 있고 그에 따르는 강점과 약점도 있다. 강점은 동전의 양면 같아서 너무 지나치면 예상치 못했던 트랩에 빠지게 하는 요인이 된다. 이러한 경우에는 그 강점을 보완하기 위해 반대적인 요소를 강화해야 한다. 그런데 흔히 이러한 강화 과제는 평소 내가 가지고 있지 않거나 선호하지 않는 유형의 특성일 가능성이 높으므로, 다른 여러 이들과의 교류를 다양화하며 내 약점을 보완할 수 있는 요소들을 찾아 익히려는 노력이 요구된다.

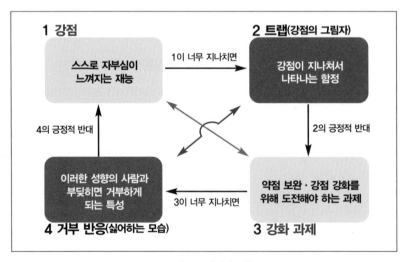

:: 그림 15. 강점과 트랩

주의해야 하는 것은 이러한 강화 과제들도 필요 이상으로 지나치면 독이 된다는 것이다. 예를 들어 지나치게 유연한 유형의 사람들은 우유부단하거나 변덕스러워 보일 수 있는데, 그것을 극복하기 위한 강화 과제로 일관성의 힘을 키우곤 한다. 그러나 이것이 너무 지나칠 경우에는 일관이 아닌 독선으로 흐를 수 있다. 즉, 내 강점이 지나칠 경우에는 내 약점에 해당되는 반대편 유형의 강점을 보완하되, 그것 또한 지나치지 않도록 신경을 써야 한다는 것이다.

● 구성원들의 약점을 보완해라

대인관계에서의 행동 유형별 특징은 리더십 스타일에서도 각기 다르게 나타난다. 사교형 리더는 다양한 관점과 시각을 종합해 상황 대응력을 키우는 스타일에 가깝고, 관계형 리더는 부하 직원들의 복지와 환경을 개선하면서 자원을 배분하는 리더십을 보일 가능성이 높다. 또 목표 달성을 강하게 독려하는 것이 지시형 리더의 스타일이라면, 사색형 리더는 원칙과 절차를 준수하면서 프로세스를 관리하는 리더십 스타일을 보일 경우가 많다. 리더는 자신이 어떤 유형에 해당되고 어떤 리더십 스타일을 보이는지를 알아야 하고, 그와 더불어 구성원들이 강점을 유지하되 어떤 약점을 보완해야 하는지를 파악해 적극적으로 지도해야 한다.

구성원들의 약점 파악을 위해서는 먼저 어느 유형이 어느 정도로 그 사람을 지배하고 있는지를 살핀 뒤 그 특성이 지나치게 발현되어 오히려 좋지 않은 영향을 끼치고 있는 것은 아닌지, 다시 말해 강점의 트랩에 빠져 있지는 않은지 확인하는 것이 한 가지 방법이 된다. 예를 들어 관계형 특성이 강한 사람이라면 타인을 너무 쉽게 신뢰하거나 충실함을 넘어 맹목적인 성향을 보인다. 또한 겸손이 지나쳐 자기 비하나 자기희생에 빠질 수 있고, 남에게 지나치게 헌신적이어서 굽실거리거나 아첨하는 행동, 우유부단하고 변덕스러워지거나 결단하지 못하고 남의 의견을 수용해 버리거나 타인 의존적인 행동을 보일 가능성이 있다.

약점을 파악하는 또 다른 방법은 부하 직원이 어떤 유형과 갈등과 긴장을 느끼는지를 감지하고, 그가 보완해야 하는 요소를 중점적으로 생각하는 것이다. 부하 직원이 관계형 특징을 보인다면 목표 달성 의식이나 원칙 준수 의식이 약하고, 자기주장을 관철시키거나 위험을 과감하게 감수하려는 성향이 낮을 수 있다.

리더가 구성원들의 약점을 파악해서 보완해주려면 균형 있는 관점에서 다른 유형의 장점을 인정하도록 이끌어주고, 단점을 보완하지 않으면 대인관계나 성과 창출에 어려움이 생길 수 있다는 점을 인식시켜야 한다. 더불어 강점이 지나치면 오히려 그것이 퇴색되어, 전체적으로 보면 특별한 특징이 없는 단점 덩어리인 사람으로 보일 수 있다는 점도 알려줘야 한다. 관계형 부하에게는 장황하게 변명하거나 주저하지 말고 발언의 핵심을 소신 있게 얘기하게 하며 싫은 소리도 냉정하게 전달하도록 훈련시킬 필요가 있다. 더불어 타인의 주제에 휩쓸리지 말고 주도적으로 화제를 지배하면서 사적인 이야기를 최대한 배제하게 해야 한다.

리더가 부하들을 이러한 방식으로 대할 때에는 부드럽게 개인적인 친숙함을 강조하면서 너무 급하게 몰아붙이지 않는 것이 좋다. 리더로서 팀워크를 중시하는 태도를 보이면서 상대방의 의견을 존중하고 이름이나 직책을 자주 불러주거나 협의한 내용을 기록해두는 것도 도움이 된다. 또한 부하 직원들이 갖고 있는 긍정적인 요소들에 대해서는 칭찬하되 부정적인 요소를 현명하게 활용하여 갈등이 많은 환경에 배치하거나 혼자 일하게 해서 상호 접촉을 줄이거나 경고나 부정적인 피드백을 하는 역할을 맡겨볼 필요도 있다.

사람들의 유형은 호의적인 상황일 때와 비호의적인 상황일 때 다르게 나타날 수도 있기 때문에 갈등 상황에 대한 대응법에 대해서도 조언해줘야 한다. 관계형이라면 갈등 상황이 생겼을 때 쉽게 남의 의견에 동조해버리거나 항복해버릴 가능성이 높기 때문에 좀 더 도전적으로 투쟁하거나, 아니면 신중하게 상황을 분석해 대안을 찾아보도록 유도하는 것이 그 예다.

착각 19 구성원들에게 잘해주면 신뢰 관계가 형성되기 쉽다?

[나착각 과장의 생각]
거부감 없이 신뢰 관계를 형성해가려면 부하 직원들에게 다정다감하게 대하고 가급적 듣기 싫은 말을 하지 않는 것이 좋다. 내가 남에게 잘해주면 남들도 내게 잘해줄 것이다.

● 신뢰 관계 구축하기

　서로에 대한 신뢰를 쌓아가기 위한 첫 단계는 상대방의 말과 행동을 관심을 갖고 관찰하는 것이다. 관심과 관찰 없이는 상대방을 파악할 수가 없기 때문이다.

　사람들의 내면에는 특유의 태도와 가치의 우선순위, 가장 중요한 욕구가 자리 잡고 있다. 따라서 상대방의 말과 행동을 관찰했으면 그 이면에 있는 태도를 파악, 상대방의 태도에 대해 공감성을 표현해야 상대로 하여금 '이 사람은 내게 도움이 되는 존재구나' 하는 느낌을 전달할 수 있다. 공감성은 '나도 당신처럼 생각한다'가 아닌, 상대방의 느낌과 생각을 액면 그대로 알아주는 것이다. 그런데 그것을 속으로만 생각하고 있다면 상대는 당신이 자기의 느낌을 알아주는지를 판단하기 어려우므로 반드시 겉으로 표현해야 한다.

그것보다 좀 더 진전된 신뢰 관계를 원한다면 상대방의 가치 체계에 맞추는 유연성을 발휘해야 한다. 유연성은 '상대방과 가치 기준은 다르지만 그의 가치관에 수시로 맞춰줄 수 있는 행동조절 능력'이다. 즉, 상대방은 자신의 가치관에 의해 어떤 것을 원할 것인지 알아차림은 물론 내 방식만을 고수하지 않고 상대가 원하는 것에 맞춰 그것을 유연하게 변화시킬 수 있는 능력인 것이다. 나는 술을 마시고 싶은데 상대방이 밥을 먹자고 하면 그렇게 해주거나, 나는 팀워크를 중시하는데 상대방은 정확성을 중시한다면 그에 맞추어주는 것이 그 예에 해당한다. 이렇게 관계가 진전되다보면 상대방이 갖고 있는 본연의 욕구를 알게 되고, 그러한 욕구를 채워주는 사람이 될 때 상호 유익한 신뢰 관계가 만들어질 수 있다. 이렇듯 신뢰를 형성하는 데는 많은 단계와 노력이 필요하다.

평소 리더가 갖고 있는 '사람을 보는 패러다임'도 신뢰 형성에 중요한 요소가 된다. '믿고 일을 맡기면 잘 해낼 것'이라고 생각하면 구성원들을 신뢰하고 일을 위임하는 것이 가능해진다. 그러면 구성원들은 '리더는 항상 우리를 믿고 자발적으로 움직이는 것을 허용한다'고 생각하게 되고, 그 후에는 리더의 지시를 기다리지 않고 창의적으로 활동할 수 있게 된다. 이것은 리더로 하여금 구성원들에 대해 더 큰 기대를 갖게 함과 동시에 더 많은 일을 맡기는 것을 가능하게 한다. 따라서 리더가 팀원들을 소중하게 여겨 호감을 표현하고, 그들의 성공을 기대하면서 책임감을 부여해 더 많은 기회를 준 다음 공정하게 평가한다면 구성원들은 자신감을 갖고 리더의 기대에 부응하기 위해 더 높은 목표에 도전하게 될 것이다.

하지만 리더가 평소에 쓰는 말이 신뢰를 쉽게 깨뜨리기도 한다. 다음은 '직장인들이 싫어하는 말'에 관한 어느 설문조사에서 나온 답변들이다.

- 내 그럴 줄 알았지. 자네한테 기대도 안 했어.

- 자네가 하는 일이 다 그렇지, 뭐.

- 그게 잘 되겠나?

- 이걸 보고서라고 작성한 건가?

- 자네 학교 어디 나왔나?

- 도대체 생각은 하면서 일을 하는 건가?

- 자넨 어디서 일을 이렇게 배웠나?

- 자네가 알면 얼마나 안다고 그래?

- 자넨 만날 왜 이 모양이야?

- 저 사람 반만 따라가보게.

- 어디 가서 우리 회사 다닌다고 하지 말게.

- 시키면 시키는 대로 하지 무슨 말이 그렇게 많나?

- 내가 자네만 할 때는 이것보다 더한 일도 했어.

- 내일 아침까지 이거 해놓게.

- 이거 확실한 건가? 근거를 가져와보게.

- 이번 실수는 두고두고 참고하겠네.

- 머리가 나쁘면 몸으로라도 때우게.

- 자넨 성질 때문에 잘되긴 글렀어.

흔히들 '인정받기 위해 목숨을 바치는 것이 직장인'이라고 말하곤 하는데, 이는 그만큼 리더의 말이나 생각이 상호 신뢰 관계에 매우 큰 영향을 끼침을 뜻하기도 한다. 특히 상대가 싫어하는 말들은 한번 내뱉고 나면 주워 담을 수도 없을 뿐 아니라 관계에도 치명상을 입히니 주의해야한다. 이렇게 구성원들에게 잘해주고 신뢰 형성을 위해 노력하는 리더가 잘 못 해주는 리더보다는 당연히 구성원들의 호감을 얻을 것이다.

● 신뢰 관계를 만들려면 화낼 줄도 알아야 한다

하지만 조직 사회에서 마냥 잘해 주기만 한다고 신뢰가 형성되는 것은 아니다. 미국의 정치학자 로버트 악셀로드Robert Axelord는 『협력의 과정The Evolution of Cooperation』이라는 책에서 '신뢰 관계를 형성하려면 먼저 좋은 느낌으로 시작하라open nice'고 권고한다. 그런데 상대방은 나와 전혀 다른 존재이기 때문에 관계를 이어가다보면 서로 불편한 느낌이 생길 수밖에 없다. 그럴 경우에는 상대방이 그 차이점을 자각하거나 각성하도록 자극하고 필요하다면 화를 내더라도 솔직한 느낌을 전달해야 한다provoke. 만일 상대가 이러한 상황을 받아들이고 관계 유지를 희망하면 용서하고 수용한다forgive. 그 다음에 필요한 것은 변덕스럽지 않게 일관된 관계를 유지해가는be consistent 과정이다.

비 온 뒤에 땅이 단단해지듯이 사람간의 관계에서도 갈등과 봉합을 통해 강한 매듭이 지어진다는 것을 우리는 경험적으로 알고 있다. 차이점이나 불편함, 긴장이나 갈등을 느꼈던 사람들이 극적으로 대립하는 사건을 겪은 뒤 오히려 좋은 관계로 발전하는 경우도 주변에서 적지 않게 본다. 신뢰 관계는 상대에게 잘해주는 것만이 아니라 적절한 화를 적시에 제대로 표현하는 것으로도 구축된다는 것을 이해할 필요가 있다.

리더의 자격을 갖춘 사람이라면 평소 부정적인 피드백도 효과적으로 부하 직원들에게 전달할 수 있어야 한다. 하지만 유의해야 하는 점은 단순하게 화를 내는 것과 꾸짖는 것은 다르다는 것이다. 화를 내는 것은 즉흥적인 감정을 표출하는 것으로, 사전 준비도 없고 표정도 조절되지 않는다. 또한 자신에게 이익이 되는 입장에서 상대를 다그치고 보복하는 행동이기 때문에 듣는 이는 억울함을 느끼기 쉽다. 이에 반해 꾸짖는 것에는 확신과 계획적인 준비가 수반될 뿐 아니라, 상대방에게 이익이 되는 관점에서 애정을 가지고 충고하려는 목적이 강하기 때문에 상대방은 오히려 고마움을 느낄 수 있다.

또한 리더는 신뢰 관계를 위한 테크닉도 구사할 줄 알아야 한다. 과거 유대인 수용소에 수감되었지만 희망을 지켜 살아남은 후 '로고테라피'라는 정신치료요법을 창시했던 빅터 프랭클Viktor Frankl은 '외부의 자극에 대해 반응하기 전에 결과를 예상해보고 평소와 다른 행동을 선택해야 유익한 관계를 유지할 수 있다'고 주장했다. 예를 들어 부하 직원들

트랩 : 조직의 발목을 잡는 32가지 착각

이 차를 마시면서 담소하고 있는데 리더가 다가가니 조용히 차만 마시고 분위기가 가라앉아버릴 때, 금년에 승진 대상자여서 전보다 더 신경 써서 일했는데 승진 탈락이 통보될 때 등 직장생활 중에 황당하고 화가 나는 상황들에서는 무엇을 어떻게 해야 할까? 이럴 때 별 생각 없이 감정대로 반응해서 부하들이나 상사에게 화를 내고 관계를 손상시키는 것보다는 그 행동의 결과를 예상해보고 행동을 전환해야 리더의 모습을 유지할 수 있을 것이다.

신뢰 회복보다 신뢰 구축이 중요하다?

[나착각 과장의 생각]

조직생활에서 늘 대인관계에만 신경을 쓸 수는 없다. 조직의 목표를 우선시하다 보면 조직원들과의 신뢰가 깨지는 경우가 있긴 하지만, 대의(大義)를 위한 것이므로 이것은 구성원들이 이해해야 하는 부분이다.

● 신뢰, 만드는 것보다 유지하는 것이 더 어렵다

세계적인 베스트셀러 저자이자 변화전문가인 세스 고딘 Seth Godin은 『빅 무Big Moo』라는 책에서 한 심리치료사의 '훌륭한 연인이 되기 위한 방법'을 소개하고 있다. '우선 파트너에게 무엇을 원하는지 물어보라. 그런 다음 원하는 것을 들어주라. 그리고 만족스러웠는지를 물어보라. 만족스럽다고 대답하면 다시 해주어라'가 그것이다. 이것은 연인이 되기 위해서뿐만 아니라 고객 만족이나 신뢰 관계 등 여러 상황에서 활용할 수 있는 좋은 방법이다.

하지만 이 단순한 방법을 따르며 상호 신뢰를 유지하기란 쉽지 않다는 것을 우리는 경험적으로 알고 있다. 그럼에도 불구하고 조직 내 신뢰 관계의 유지는 리더가 신경 써야 할 중요한 과제이므로 이에 대한 방법론적인 연구는 끊임없이 지속되어야 한다.

신뢰를 유지하려면 그것을 쌓을 때보다 더한 노력이 필요하다. 신뢰 구축에는 많은 시간이 필요한 데 반해 그것이 깨지는 데 드는 시간은 상대적으로 짧다. 서로 기대하는 수준이 높아졌기 때문에 그 수준을 유지하려면 더 많은 노력을 해야 하는 것인지도 모르겠지만, 그전까지는 가까웠던 사이가 신뢰가 무너지는 순간부터는 멀고먼 남남으로 변해버리는 경우를 우리는 주변에서도 종종 볼 수 있다. 신뢰 관계의 수준은 '(공유된 목적 혹은 관심×신뢰성)÷리스크'의 공식으로 계산된다. 즉, 상호 목적이 공유되어 관심이 있고 신뢰성이 높다면 신뢰 관계의 수준이 올라가겠지만, 상황 변화에 따른 리스크가 커지면 신뢰 관계를 유지하기가 어려워지는 것이다.

신뢰 관계를 유지하려면 개방적 의사소통에 대한 의지가 있어야 하고, 다른 구성원의 문제에 대해 건설적이고 우호적인 방식으로 관여하는 적극적 관심 그리고 구성원의 입장에서 상황을 파악하려고 노력하는 공감적 이해가 계속 유지되어야 한다. 『논어論語』의 '내가 서고자 하면 남도 서게 하고, 내가 도달하고자 하면 남도 도달하게 하라己欲立而立人 己欲達而達人'는 원칙을 따르는 것도 한 방법이다.

● 진심 어린 사과도 훌륭한 신뢰 전략이다

'신뢰 쌓기는 어렵지만 일단 쌓았다면 마른하늘의 날벼락처럼 급작스럽게 깨지는 경우가 거의 없다'는 것이 신뢰에 대한 일반적인 견해다. 신뢰를 얻는 것이나 잃는 것 모두 서로가 상대에 대해 평소에 어떤 느낌을 쌓아가는가에 따라 좌우된다. 따라서 상호간에 신뢰의 증가와 감소가 어느 정도 일어나고 있고 신뢰 계좌의 잔고 상태가 어떤지를 지속적으로 관리해야 한다.

신뢰 관계를 구축하는 것도 쉽지는 않지만 깨진 신뢰가 회복되면서 더 높은 수준의 신뢰관계가 형성될 수 있다. 『크레더빌러티 : 마지막 경영혁명』라는 책에서는 신뢰 회복에 필요한 여섯 가지의 'A'에 대해 이야기하고 있다. 자신의 책임을 받아들이는 '수용Accept', 자신의 실수를 공적인 자리에서 시인하는 '인정Admit', 마음에서 우러나오는 진심 어린 '사과Apologize', 실수로 야기된 결과를 재빨리 수습하는 '실행Act', 실수를 고치려 하고 실수로 야기된 어려움을 해결하는 '수정Amend', 의견을 구하고 주의를 기울이는 '주의Attend' 등이 그것이다.

이상의 내용을 리더십에 적용해보면 다음과 같이 정리할 수 있다. 구성원들에게 동기를 부여하고 공정한 평가 기준을 적용하는 등 신뢰를 튼튼하게 쌓아가는 리더라면, 간혹 사소한 문제가 생기더라도 구성원들은 리더의 평소 행동을 떠올리며 그를 향한 신뢰를 먼저 깨버리지는 않을 것이다. 또한 리더는 자신의 의도와 다르게 구성원들과의 신뢰를 깨는 행동을 했다면 어렵더라도 실수를 솔직히 시인하고, 진심으로 사과하며 재발 방지를 약속해야만 더욱 강한 신뢰 관계가 구축된다는 것을 기억해야 한다.

● 말의 에너지를 십분 활용해라

에릭 번 박사가 창안한 인간 행동 분석 체계인 교류 분석 이론에서 강조하는 스트로크stroke, 즉 존재 인지의 개념을 활용하는 것도 신뢰 관계에 도움이 된다. 스트로크는 인간이 주고받는 각종 언어적 · 신체적 자극에 대한 반응을 상대방에게 알리는 인간 인식의 표현으로 스트로크의 질과 양, 타이밍 등 영향을 받는다.

예를 들어 아침에 출근하면서 만난 부하 직원이 "안녕하세요? 과장님, 좋은 아침입니다. 아침은 드셨어요?"라고 웃으면서 인사했는데 과장이 무표정하게 "안녕" 하고 지나쳤다면 그 직원은 어떤 느낌을 받을까? 자신은 세 문장을 말하고 웃기까지 했는데 과장은 무표정하게 한 문장만을 던졌으니 자신의 스트로크에 비해 상대의 스트로크가 적다고 생각함과 동시에 충분한 보상을 받지 못했다고 느끼며 '경고'를 의미하는 감정의 회색 스탬프를 과장에게 붙일 것이다. 그러한 스탬프가 쌓이면 어느 순간 상대에 대한 마음의 폭력단이 활동, 공격적인 행동이 나타나게 된다. 이와 반대로 좋은 자극들을 주고받으면 상대에 대해 골드 스탬프를 쌓아가며 상호 공감대가 형성될 수 있다.

과거 대리 시절에 직장에서 있었던 한 가지 일이 떠오른다. 입사 동기중에 참 묵묵히 일하던 친구가 한 명 있었는데, 대단한 카리스마를 가졌던 그 부서의 부장과는 그다지 잘 맞는 스타일이 아니었다. 친구는 평소에 늘 혼자 남아 야근을 하곤 했는데 아침에 보고서를 부장에게 올리면 야단을 맞기 일쑤였다.

그날도 그 친구는 전날 작업한 결재 서류를 부장에게 보고하다 심한 꾸중을 듣게 되었다. 그러자 잠시 후 그는 갑자기 결재판을 들고 창가에 앉아 있는 부장에게 다가가 그의 머리를 '땅땅!' 내리친 뒤 결재판을 내던지고 나가버렸다. 조용한 사무실에서 갑자기 울린 소음에 다들 놀라는 중에 그 친구는 자신의 짐도 싸지 않고 사직서를 던진 것이다.

이는 평소 너무 많이 쌓여 있던 회색 스탬프가 안 좋은 감정으로 폭발함으로써 결국 부장이나 그 친구 모두 신뢰 단절의 피해자가 되고 만 예에 해당한다. 사람과의 관계를 잘 관리하지 않으면 어느 순간에 이와 같은 봉변을 당하거나 우리의 직업 인생에 큰 오점을 남길 수도 있다. 지렁이도 밟으면 꿈틀하는데 하물며 사람에 대한 신뢰를 단절하는 행위가 언젠가 그에 상응하는 고통으로 자신에게 되돌아올 것은 자명하다.

감정 계좌의 잔고를 결정하는 요소들 중 가장 강한 것은 다름 아닌 '말'이다. 우리가 쓰는 말에는 힘이 있고, 그 말을 할 때에는 그에 담긴 긍정적 혹은 부정적 에너지가 함께 상대에게 전달된다. 일전에 어느 TV 다큐멘터리 프로그램에 소개된 내용을 보면 이것을 알 수 있다. 갓 지은 쌀밥을 두 개의 유리병에 넣고 날마다 각각 '사랑해'와 '짜증나'라는 말을 들려주고 4주 후에 열어보니 '사랑해'라는 말을 들었던 쌀밥에는 하얀 곰팡이가 생기면서 구수한 냄새가 났던 반면, '짜증나'를 들은 쌀밥에는 시커먼 곰팡이가 생겼고 악취까지 풍겼다. 말이 가지고 있는 이러한 에너지를 얼마나 현명하게, 또 효과적으로 사용하느냐에 따라 타인과의 관계에서 생겨나는 감정 계좌의 잔고는 크게 달라질 것이다.

조직 내 갈등은 최대한 억제해야 한다?

[나착각 과장의 생각]

갈등은 불필요하고 비생산적인 것이다. 조직을 관리함에 있어서는
가급적 갈등 상황이 생기지 않도록 하고 갈등이 생기면 타협하게 하는 것이
매우 중요하다.

● 조직 관리의 20퍼센트는 갈등 관리다

'지금 나의 곁에 있는 사람은 누구, 진정 날 사랑하실 사람인가요?'
'갈등'이라는 가요의 한 소절이다. 남녀 사이에서 일어나는 사랑의 갈등
상황에서뿐만 아니라 일상에서 '갈등이 생긴다' '갈등이 쌓인다' '갈등
이 심각하다'는 말들은 매우 쉽게 접할 수 있다. 혹자는 "'하느님'과 '사
랑'을 제외하고 인간의 마음을 가장 크게 지배하는 문제는 '갈등'이다"
라고도 했는데, 어떤 갈등 상황이 생기면 그것이 우리 생활의 거의 모든
부분을 잠식하곤 했던 상황들을 떠올려보면 이 말의 의미가 이해되기도

한다.

아담과 이브가 선악과를 따 먹을 때부터 느끼기 시작했다는 인간의 갈등은 그 역사만큼이나 끈질기게 우리를 따라다니고 있다. 갈등은 그 종류도 다양해서 개인 내, 개인 간, 개인과 집단 간, 집단 간, 국가 간의 갈등 등 여러 형태가 있다. 리더의 조직 관리 항목 중에서도 갈등 관리의 비율이 20퍼센트 이상을 차지하고 있다고 하니 갈등 관리는 조직의 효율성에 영향을 미치는 중요한 요소라고 할 수 있다.

조직 내 갈등의 원인은 크게 세 가지로 요약해볼 수 있다. 첫째는 목표의 비양립성, 둘째는 자원의 희소성 그리고 셋째는 상호 의존성이다. 다시 말해 서로의 목표가 배치될 때, 자원이 적어 경쟁이 불가피할 때, 서로에 대한 의존도가 높을 때 갈등이 일어날 가능성 또한 많아진다는 뜻이다.

● 갈등에 정면 대응해라

조직 내 갈등에 대해서는 크게 두 가지 관점이 존재한다. 하나는 '갈등은 조직 내에서 역기능을 일으키기 때문에 회피해야 한다'는 전통적 관점이고, 다른 하나는 '갈등은 필연적으로 발생할 수밖에 없기 때문에 오히려 그것을 적극적으로 활용함으로써 조직 효율성을 높여야 한다'는 순기능적 관점이다.

갈등이 가지는 순기능으로는 문제의 소재를 명확히 하고, 혁신을 촉진시키며, 집단 내 혹은 집단 간 관계를 공고히 할 수 있다는 점 등을 들수 있다. 반대로 갈등의 역기능으로는 전제적 리더십에 의해 경직되거나집단 간에 적대감이 생기고 커뮤니케이션이 단절될 수 있다는 점 등이있다. 따라서 리더는 조직의 생산성을 높이기 위해 갈등 수준을 면밀히주시해야 할 필요가 있다. 즉, 갈등 수준이 너무 낮을 경우엔 갈등을 조장시키고, 갈등이 지나칠 경우엔 갈등을 완화시키는 노력을 동시에 해야한다는 것이다.

사람들이 갈등을 처리할 때 보이는 행동 유형은 '개인적 목표에 대한관심'과 '상호 관계에 대한 관심'을 두 축으로 해서 다음과 같이 네 가지로 분류할 수 있다.

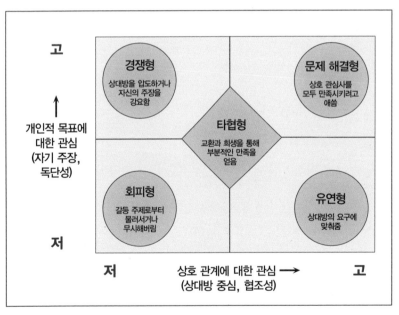

:: 그림 16. 갈등 처리 행동 유형

이러한 갈등 처리 행동유형 중에서는 문제 해결형이 가장 효과적이라고 알려져 있으나, 리더의 입장에서는 모든 유형을 그때그때의 상황에 맞게 적절히 활용할 필요가 있다. 다음은 갈등을 잘 관리하는 조직들이 가지는 특성인데, 어떤 리더가 어떻게 조직을 이끌어가는가에 따라 많은 부분들이 다를 수 있으니 자신의 조직은 어떤지 한번 점검해보자.

- 갈등 상황에 있는 구성원들의 자유로운 감정 표현
- 갈등 해결을 위한 명확한 절차의 공표
- 노출된 견해차에 대한 개방적인 태도
- 갈등 해결을 위한 제3자(리더)의 중립성과 신뢰감
- 부정적인 피드백의 수용
- 후속 절차와 책임 소재의 명확화
- 피드백 절차의 확보
- 의사소통 기술의 수준
- 과거 갈등 해결 실적의 보유

이러한 내용을 종합해보면 갈등 관리에 있어서 다음과 같은 세 가지 포인트가 중요함을 알 수 있다. 첫째, 갈등을 회피하거나 수동적으로 수용하지 않고 정면으로 대응하는 것, 둘째, 갈등의 순기능을 인정하고 적정 수준을 유지할 수 있도록 조직을 관리하는 것, 마지막으로 갈등 해결 요소를 중심으로 조직 차원의 갈등 관리 풍토를 조성하는 것 등이 그것이다.

우리나라 기업 내 조직원들의 갈등 처리 스타일을 진단해보면 계층에 관계없이 유연형과 타협형이 지나치게 많고, 경쟁형이 거의 나타나지 않고 있다. 상대방의 의견을 무시하고 자기주장만 하는 경쟁형이 이상적인 것은 아니지만, 갈등은 피하지 말고 정면 대응해야 한다는 점을 생각하면 늘 양보만 해버리는 유연형의 스타일을 줄이고 경쟁형의 특성을 좀 더 강화하는 것이 갈등을 균형 있게 해결하는 데 도움이 될 것이다.

기계가 아닌 다음에야 인간으로 구성된 어떤 조직도 갈등으로부터 자유로울 수는 없다. 리더는 갈등뿐 아니라 차이, 긴장, 경쟁, 적의, 불화, 투쟁 등 그 어느 것도 은폐하거나 억압해 어느 순간 폭발하도록 방치해서는 안 된다. 피할 수 없는 것이 갈등이라면 그것을 재도약의 기회로 활용해야 한다. 이런 의미에서 미국의 철학자이자 교육학자인 존 듀이John Dewey가 갈등의 기능에 대해 다음과 같이 한 말은 음미해볼 만하다.

"갈등은 생각을 격렬하게 충동한다. 그것은 부추겨서 관찰하고 새로운 것을 만들어내게 하며, 우리로 하여금 양처럼 수동적인 태도에서 깨어나 주목하고 추구하게 한다. 갈등은 반성과 독창력의 필수조건이다."

비윤리적 의사결정의 책임은 조직이 진다?

[나착각 과장의 생각]
리더는 조직의 구성원이므로 항상 조직의 이익에 초점을 맞추어 조직이 윤리를 중시한다는 사실을 잘 포장해서 전파하고, 비윤리적인 것들은 노출되지 않도록 관리할 책임이 있다.

● 기업의 윤리는 수단이 아닌, 지켜야 할 가치다

먼저 다음의 문장들을 읽어보자.

- 이건 지금까지 항상 해온 방법인데, 뭐.

- 남들도 다 그렇게 하고 있잖아!

- 우리가 그렇게 한다고 누가 알아주기나 하나?

- 우리가 그렇게 하지 않아도 어차피 다른 데서 할 거야.

- 법으로 잘못된 것이라고 할 때까진 해도 돼!

- 정말 누구도 다치게 하지 않았어!

- 아무도 모르는데 어때?

- 제도가 잘못된 거야.

- 우리만 안 하면 왠지 손해 보는 것 같아!

- 의식수준이 문제인 거지 누가 지킬 줄 몰라서 안 지키나?

- 경영이 자선 활동은 아니잖아?

아마도 직장 생활을 하는 이들이라면 꽤나 흔히 들었을 위와 같은 말들은 바로 '조직의 비윤리 경영에 대한 변명'이다.

무역량 세계 10위권, IT와 자동차 산업에서의 약진 등을 통해 대한민국은 경제 위기를 가장 빨리 극복한 나라 중의 하나로 평가되고 있고, 그에 대한 국민들의 자부심도 한층 높아졌다. 그러나 우리나라의 국가 부패인식 지수는 아직도 40위권에 머물고 있다. 이는 곧 국가의 위상에 비해 윤리 경영 수준은 글로벌 스탠더드를 따라가지 못하고 있다는 반증이다. 어떤 조사에 의하면 우리나라의 직장인들은 리더가 갖춰야 할 중요 자질로 비전, 결단력, 신뢰 등을 꼽은 반면, 미국의 직장인들은 정직성을 최고의 덕목으로 여겼다고 한다. 여러분도 시험 삼아 아래 질문에 한번 답해보도록 하자.

당신은 친구가 운전하는 차를 타고 있다. 그런데 제한속도가 시속 30킬로미터인 구간에서 길을 건너는 보행자를 치고 말았다. 친구는 시속 85킬로미터로 과속을 하고 있었고, 당시 현장에 목격자는 아무도 없었다. 친구는 구속되었는데, 그의 변호사가 당신에게 "만약 법정에서 당신의 친구가 시속 30킬로 미터를 유지하며 운전하고 있었다고 증언해준다면 친구는 무거운 벌을 면할 수 있습니다"라고 말했다. 이런 상황에서 당신은 어떤 행동을 취할 것인가? 사실대로 밝힐 것인가, 아니면 거짓 증언으로 친구를 도울 것인가?

조사 결과 미국, 캐나다, 스위스, 호주에서는 90퍼센트 이상이 '사실대로 증언하겠다'고 응답한 반면, 우리나라는 거짓으로 증언하겠다는 비율이 70퍼센트 수준으로 나타나면서 조사대상국 중 최하위권을 기록했다고 한다.

우리나라의 기업인들이 경영에 대해 갖고 있는 인식 중 가장 잘못된 것은 '윤리적 경영은 손실을 초래한다'는 고정관념인 것 같다. 이는 조직에서 '단기적 결과'를 지나치게 강조할 뿐만 아니라 기업 윤리를 수단으로 보기 때문이다. 한국의 리더들이 윤리적 과오를 저지르는 이유를 살펴보자.

- 깊이 생각하지 않고 '시킨 대로' 했기 때문에
- 조직에 있으려면 시키는 대로 해야 하기 때문에
- 윗사람의 생각이나 태도가 분명치 않고, 위급할 때 판단을 주지 않기 때문에
- '이 정도 일은 아무도 모르겠지' 하는 생각 때문에
- 사업이나 수익 측면에서만 생각하도록 훈련받았지, 조직 외부의 이해관계자들까지 생각하도록 훈련되지 않았기 때문에

● 비윤리적 결정의 책임은 리더가 져야 한다

종종 윤리 경영 매니저 워크숍을 열다보면 '허위 광고는 불법이지만 과장 광고는 가능한 것 아닌가?' '고객 정보를 활용은 하되 유출은 금한다' '분식 회계, 담합, 불공정 거래 등은 불법이기 때문에 공공연히 하지 않는다' 등 애매한 기준을 가지고 마치 줄타기 곡예를 하는 것처럼 아슬아슬한 판단을 내리는 경우를 많이 보게 된다.

한 조사에 의하면 우리나라의 조직원들이 윤리적 갈등을 느끼는 경우는 선물, 향응, 리베이트, 뇌물 등의 제공과 더불어 가격 담합이나 불공정 거래, 불공정한 조직원 관리 순이라 한다. 이러한 비윤리적인 행동은 산업계의 관행이나 조직의 방침, 함께 일하는 상사나 부하들의 행동에 영향을 받기 때문에 그것의 근절을 위해서는 사회적 인식의 환기와 리더들의 일관성 있는 태도가 반드시 필요하다. 경쟁력 향상은 물론 조직 구성원들로부터 존경받는 리더십 수립을 위해서는 사회적 신뢰 수준이 높아져야 할 뿐 아니라 비윤리적인 부패도 하루빨리 사라져야 한다.

리더들은 자신이 윤리적인지를 늘 확인해보고 조직의 분위기와 의사 결정 사이의 균형 감각을 가질 필요가 있다. 리더는 조직의 비윤리적 의사결정에 대한 책임을 져야 하는 경우가 많은데, 자칫하면 이로 인해 개인의 직업 인생에 치명적인 타격을 입을 수도 있다. 따라서 지나치게 결벽적인 결정만을 고집할 필요는 없지만 범죄 행위는 반드시 피해야 하며, 윤리 경영은 장기적으로 조직에 반드시 이익이 된다는 것을 염두에 두고, 최대한 윤리적 기준에 부합되는 리더십을 행사함으로써 사회적 분위기를 선도해야 한다.

● 얼굴 붉히지 않고 설명할 수 있는 리더가 돼라

리더로서 의사결정을 내려야 할 상황이라면 일명 '거울 테스트'라고 하는 아래 체크리스트를 활용해보자.

1. 그것은 합법적인 것인가? 법이나 회사 정책, 그 어느 것에도 위배되지 않는가?
2. 그것은 공평한가? 그 결정이 단기적으로나 장기적으로 관계된 모든 사람들에게 공정한가? 양쪽 모두에게 이익을 주는 바람직한 관계로 유도할 수 있는가?
3. 그 결정으로 인해 나는 나 자신에 대해 자랑스러움을 느낄 것인가? 만일 내 결정이 신문에 보도된다면 내 기분은 어떨까? 또 가족들이 그것에 대해 알게 된다면 그들의 기분은 어떨까?

미국의 존슨 앤드 존슨Johnson & Johnson사에서는 리더들에게 '레드 페이스 테스트red face test'를 강조하는데, 이는 '자신이 내린 결정이나 행동을 자기 가족들이 알게 되었을 때 얼굴 붉히지 않고 설명할 수 있는가'를 기준으로 삼아 의사결정을 하라는 것이다. 이것을 보면 '어떤 윤리적 기준에 의해 판단하는가'와 더불어 '조직원들로부터 지속적인 신뢰를 받을 정도로 정직한가'의 여부가 리더의 자질을 좌우하는 매우 중 요한 기준임을 알 수 있다.

최고의 일터는 조직 시스템으로 만들어진다?

[나착각 과장의 생각]
직원들이 일하고 싶어 하는 조직은 관리 시스템과 보상 기준이 잘 갖춰져 있는
곳이다. 이것이 마련되지 않으면 리더의 입장에서 구성원들을 이끌기가
거의 불가능해진다.

● 시스템과 보상은 차선적인 요소다

'최고의 일터GWP, Good Working Place' 운동의 창안자 로버트 레버
링Robert Levering 박사가 주관하는 「포천」지 선정 100대 일하기 좋은
기업'의 세 가지 선정 기준은 관리 시스템이나 보상 기준의 마련 정도가
아닌 '상하 신뢰' '자부심' '동료들 간의 즐거움'이다. 자신이 이끄는 조
직을 누구나 일하고 싶어 하는 최고의 일터로 만들려는 리더라면 자신이
이끄는 조직을 이 세 가지 평가 항목에 비추어 점검해볼 필요가 있다.

일하고 싶은 회사들의 첫 번째 요건은 '상호 신뢰'다. 신뢰는 의사소

통·역량·성실성으로 구성된 믿음의 요소와 지원·협력·배려를 포함하는 존경의 요소, 그리고 정의, 공평, 불편부당함으로 구성되는 공정의 요소들로 구성된다. '자부심'에는 하고 있는 일에 대한 자부심·함께 일하는 사람들과의 팀워크·소속된 조직에 대한 자긍심 등이 해당되고, '즐거움'은 환대·친밀함·공동체 의식으로 대변된다. 이렇게 일하기 좋은 조직을 만들려면 권한, 정보, 경제적 이익, 스킬, 상황 인식, 가족 책임의 제반 요소들이 전체 구성원들과 균형 있게 공유되어야 한다. 조직 시스템이나 보상체계만으로는 최고의 일터를 만들 수 없기 때문이다.

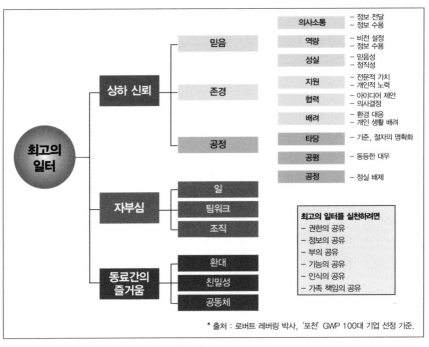

:: 그림 17. '최고의 일터' 선정 기준

트랩 : 조직의 발목을 잡는 32가지 착각

조직에 긍정적인 에너지가 넘쳐나게 하고픈 리더라면 부하 직원들에게 비전을 주고 과감하게 권한을 위임해야 한다. 그런데 대부분의 조직에서 가장 잘 안 되는 것 중의 하나가 바로 이 '권한 위임'이다. 권한은 부하에게 나누어주고 책임은 상사가 지는 형태의 리더십이 구현되기 어려운 이유는 구성원의 능력에 대한 확신 부족, 실패나 실수에 대한 두려움, 통제력 상실에 대한 우려, 권한 위임에 대한 망설임 등이 작용하기 때문이다. 이의 해소와 효과적인 권한 위임을 위해 다음 사항을 실천해보자.

- **책임 부여** 누구에게 책임, 권한을 부여할 것인가를 결정한다.
- **권한 부여** 적합한 권한을 일정 수준까지, 특정 기간 동안 부여한다.
- **성과 측정** 스마트하게 목표가 설정되도록 하고, 결과를 평가한다.
- **장애 제거** 예상되는 문제나 위험 요소에 대해서 의견을 나눈다.
- **지원 제공** 적절한 자원(시간·정보·인력/자금·교육·지침)을 제공하고 코칭 시스템(진도 미팅·리뷰 회합·사후관리 및 피드백·보상 시스템 등)을 구축한다.

● 효과적인 칭찬의 기술을 구사해라

당신은 부하 직원들에게 얼마나 자주, 얼마나 진심으로 칭찬하는 리더인가? 사실 칭찬은 상대의 의욕을 북돋고 동기를 부여해서 더욱 긍정적인 결과를 만들어내는 좋은 도구라는 데 의심의 여지는 없다. 좋은 일터를 만들어 조직 목표를 달성하는 데에도 이것은 마찬가지다.

그런데 우리는 전통적으로 칭찬에 익숙하지가 않아 칭찬을 주고받는 데 서투른 것이 사실이다. 다른 이를 칭찬하는 것이 잘 안 된다는 이들에게 그 이유를 물어보면 습관이 안 되어 있거나 쑥스럽고, 무언의 인정이 칭찬이라고 생각하기 때문이거나 전통적인 사회 분위기가 원래 그렇기 때문이라고 답하는 등 습관적 혹은 문화적 이유가 대부분을 차지하고 있다. 그 다음의 이유로는 '칭찬의 방법을 잘 몰라서' '칭찬할 만한 점을 못 찾아서' '업무 과중으로 대화 시간이 부족해서' '칭찬의 기회를 종종 놓쳐서' '의사표현력이 부족해서' 등이 있는데, 이것들을 한마디로 요약하면 칭찬하는 방법이 서투르기 때문이라 하겠다.

또한 조직의 전체적인 분위기가 칭찬보다는 질책 위주로 조성되거나 부하에 대한 신뢰가 부족한 경우에도 칭찬이 일상화되기 어려운데, 그러다보니 칭찬해야겠다는 마음을 가지고 있더라도 그것이 겉으로 표현되지 않거나 동기부여에 활용하지 못하는 경우가 많다. 리더들은 늘 구성원들을 칭찬하고 있다고 생각하는데 정작 구성원들은 그런 적이 없다고 여기는 불일치도 어느 조직에서나 발생한다. 지금 최근에 칭찬할 만한 일을 한 구성원이 있는지 떠올려보고 말이나 이메일, 아니면 문자 메시지로라도 칭찬을 한번 실행해보라.

더불어 기왕 칭찬하는 것이라면 그것의 효과를 높이는 '칭찬의 기술'도 적용해보자. 칭찬은 적시에, 구체적이고 객관적으로, 행동에 초점을 맞춰서 해야 한다. 그렇게 하려면 칭찬의 방법을 알아야 하고, 칭찬할 만한 점을 찾아서, 칭찬의 효과를 믿으며 진심으로 칭찬해야 한다.

칭찬을 할 때는 '특성에 대한 칭찬'과 '행동에 대한 칭찬'을 구분해서 방법을 달리하는 것이 효과적이다. 전자는 그 사람에게서 느껴지는 가장 돋보이는 점을 먼저 칭찬한 후 그 측면과 대비되는 장점을 칭찬하고 부수적인 특성을 추가로 칭찬하는 단계를 밟는 것이다. 예를 들어 "김 대리는 정말 도전적이고 적극적으로 일을 추진하는 것 같아. 그런 사람들은 대개 막무가내로 밀어붙이기만 하는 경우가 많은데, 김 대리는 치밀한 계획도 세우고 세심한 배려까지 하잖아? 근데 진짜 내가 김 대리한테 놀라는 건, 거기다 창의성까지 갖추고 있다는 거지. 아! 그러기는 정말 쉽지 않은데 말이야"라고 칭찬해준다면 상대에게는 평생 잊을 수 없는 찬사로 기억될 것이다.

반면 행동에 대해 칭찬할 때는 그 사람이 잘하는 행동을 먼저 언급하고 칭찬의 근거나 이유를 두세 개 이야기한 뒤, 그가 어떤 특성이나 능력을 갖고 있기에 그것이 가능한 것인지를 칭찬한다. "김 대리, 이번 발표는 아주 기가 막혔어. 발표 자료도 아주 깔끔하고 내용도 잘 짚어서 사람들이 무척 집중하더라고. 이 정도 하려면 논리력이나 발표력이 있어야 하는데 정말 훌륭한 능력을 갖췄어"라는 식으로 칭찬하는 것이 그 예가 되겠다.

칭찬할 때는 아낌이 없어야 한다. 조직 내에서 종종 보는 리더들의 행동 중 하나는 한참 부하들을 칭찬한 다음 뒤이어 바로 토를 다는 것이다. 예를 들어, 회의 중에 누군가가 좋은 아이디어를 냈을 때 "오, 김 대리, 정말 좋은 아이디어야. 그렇게 한번 해보는 게 좋겠군. 그럼 월요일까지

김 대리가 그 기획안을 준비해보게"라고 리더가 이야기하기 일쑤라면 그 팀의 구성원들은 긁어 부스럼을 만들고 싶지 않아서라도 점차 아이디어를 내는 일이 줄어들 것이다.

● 열정이 가득한 조직은 리더가 만든다

대부분의 직장인들이 열정을 느끼면서 일하는 경우는 조직이 자신을 알아주고 관심을 보일 때, 상사와 동료를 좋아할 때, 주도적으로 일할 때, 상의하고 참여시킬 때, 성공을 축하해줄 때 등이다. 열정이 생기면 경쟁까지도 즐기게 되는데 이러한 분위기는 제도와 시스템만으로는 만들어지지 않는다. 그 열정을 일깨울 수 있는 사람은 늘 함께 일하면서 회사 상황과 부하들에 대해 가장 잘 알고 있는 리더일 수밖에 없다.

하지만 리더로서 직원들에게 열정을 불어넣고 싶다 해서 지나치게 이상주의적으로 행동하거나 부하들이 원하는 모든 것을 들어줘야 하는 것은 아니다. 그보다는 상사나 경영자의 진정한 의중을 파악하고 조직의 현 단계를 고려해서 단계적으로 새로운 동기부여 요소를 제공하는 것이 중요하다. 단순히 부하들의 문제의식에만 공감하고 상사와의 교감에서는 실패한다면 결국 부하들에게 리더가 제공할 수 있는 것은 줄어들 수밖에 없기 때문이다.

05

성과에 관한
착각의 트랩

나착각 과장의 이야기 4

나 과장의 팀은 반기 경영성과 평가에서 하위권에 머물러 이번에 인센티브를 받지 못하게 되었다. 나 과장의 입장에서는 자신의 팀이 새로 맡은 신사업이나 관할 지역을 고려했을 때 나름의 성과가 있었다고 할 수 있는데 평가의 기준이 지나치게 일률적인 것 같아 억울한 느낌도 든다.

그런데 문제는 해당 직급별로 비교해볼 때 팀의 개별 구성원들에 대한 평가도 대체적으로 낮은 편이라는 것이다. 이로 인해 며칠 전에는 한성화 사장에게 불려가 실적 부진과 리더십 문제에 대해 불편한 얘기까지 듣고 나니, 그간 별일 없이 흘러왔던 직장생활이 갑자기 막다른 궁지에 몰렸다는 느낌도 든다.

나 과장은 그동안 일의 효율을 기하기 위해 많은 노력을 해왔고, 비용에 해당되는 각 계정 과목별로 절감 목표를 세워서 관리해오고 있다. 사실 별도로 가치를 높이는 활동의 대부분은 신사업 개발 등 전사적으로 추진해야 하는 것들이지, 단위 팀별로 수행하기는 어려운 일들이다. 종종 '팀의 일상적인 활동에서도 가치를 높일 수 있는 방법들을 모색하라'는 이야기를 듣기도 하지만, 그럴 때마다 왠지 회의감이 들고 다시금 원가 내역서만 만지작거리게 된다.

나 과장은 소통과 실행이 잘 이루어지는 조직을 만들기 위해 항상 신경 썼다. 또한 부하들을 열심히 독려하는 한편, 독재형 리더가 되지 않기 위해 신상필벌에 대한 개입은 최소한의 수준만 유지하는 등 나름 많은 노력도 기울였다. '부하 직원들은 다들 비슷하기 때문에 그들이 좋아할 만한 동기를 부여하고 일하기 편한 환경을 만들어주면 성과는 저절로 따라온다' 는 것이 나 과장의 생각이다. 그렇기에 성과 향상과 분위기 개선을 위해 부하들과 함께 게임도 하고 신세대의 관심사도 알아보는가 하면, 그들이 원하는 음식과 방식대로 회식을 해왔던 것에 대해 나 과장은 늘 스스로를 자랑스럽게 여긴다. 또한 계획─실시─확인─조치의 관리 사이클을 준수하면서 나름대로 조직을 잘 이끌고 있다고 생각한다.

그런데 그렇게 열심히 관리해왔음에도 불구하고 팀이 성과를 못 내고 있다는 것은 정말 이상한 일이다. 요즘 나 과장은 리더십이나 업무방식에 대해서까지 공격을 받아 사람들과 언쟁을 벌이는 경우가 늘어나고 있다. ●

●

T R A P !

가치 창출보다 원가 절감이 성과 향상에 중요하다?

[나착각 과장의 생각]

성과를 내기 위해서는 가치 창출보다는 원가 절감에 신경 써야 한다.
이는 조직 내 원가를 절감하고 비용을 절약하는 효율화 활동으로,
경영의 기본에 해당한다.

● 가치 창출은 기업의 성장에 절대적 요소다

■ **가 팀장** 원 팀장, 매니저의 역할에서는 매출을 늘리고 가치를 높이는 일
이 최우선이어야 한다고 보네.

■ **원 팀장** 하지만 현실적으로 우리가 할 수 있는 일은 효율적으로 조직을
관리하면서 원가를 절감하는 것 아닐까?

■ **가 팀장** 물론 가치를 높이는 활동과 원가를 낮추는 활동 두 가지가 다
중요하겠지만, 조직은 효율성보다 효과성을 더 먼저 고려해야
하잖아. 효과성이 떨어지는 일을 효율적으로 하는 것은 의미가

별로 없다고 생각하네.

- **■ 원 팀장** 효과성이 있어도 효율성이 떨어져서 기껏 매출을 올리고도 수익이 줄줄 새버리면 안 하느니만 못하게 되겠지. 낭비와 비효율을 최소화하는 것이 우리의 책무라고 보네.

- **■ 가 팀장** 하지만 매출을 키우고 조직 고유의 가치와 매니저가 부가시키는 가치를 추가하지 못한다면 조직의 존립 자체가 위협받게 되잖아. 매출과 가치가 나오지 않으면 아무런 출발을 할 수가 없는데 무엇으로 효율을 기할 수 있겠어?

- **■ 원 팀장** 그렇지만 눈에 보이는 비용의 절감뿐 아니라 눈에 보이지 않는 비용까지 생각해보면 원가 절감의 여지가 도처에 널려 있지 않은가? 조직을 타이트하게 운영해서 원가를 절감하면 가치 있는 일에 자원을 투입하기가 쉬워지지 않겠나.

- **■ 가 팀장** 원가절감을 하지 말자는 게 아니라 우선순위를 어디에 둘까를 얘기하는 걸세. 매출과 가치를 극대화해나가면 조직이 성장하게 되고 자신감도 붙을 테니 선순환이 일어날 것이고, 매니저들의 수준도 높아질 것이니 자연스럽게 비효율적인 부분도 걸러내기 쉬워질 걸세.

- **■ 원 팀장** 일리 있는 말이네만, 나는 늘 원가에 신경 쓰면서 조직을 관리하던 습관이 강해서 말이지.

위의 대화는 기업 성장에 있어 최우선적으로 중요한 것은 '원가 절감'이라는 원 팀장과, '가치 창출'이라고 생각하는 가 팀장이 나눈 이야기다. 과연 어느 쪽의 생각이 보다 타당하고 옳은 것인지 생각해보자.

기업 경영의 목적은 생존과 성장이다. 이를 위해서 기업들은 두 마리의 토끼, 즉 매출액과 당기순이익(법인세 차감 전 이익)이라는 손익계산서상의 두 가지 지표를 잡아야 한다.

손익계산서의 최상단에 위치하는 매출액은 성장성을 대표하는 지표이고, 최하단에 위치하는 이익은 수익성을 나타내는 지표에 해당한다. 매출액은 해당 조직이 얼마나 많은 가치를 창출하고 있는가, 즉 '효과성'의 결과이고, 순이익은 해당 조직이 얼마나 원가를 잘 조절하고 있는가, 다시 말해 '효율성'의 결과라 할 수 있다. 그렇다면 리더들의 초점은 무엇보다도 '어떻게 하면 조직에서 최상의 가치를 창출할 수 있을까'라는 부분과 '어떻게 하면 불필요한 비용을 줄여 보다 효율을 높일 수 있을까'라는 두 가지에 맞춰져야 한다.

가치를 구성하는 요소들은 투입되기 전에 자원 자체가 지니고 있는 본연의 가치, 사업이나 조직 고유의 시스템에 의해 창출되는 조직 차원의 가치, 그리고 리더들의 아이디어와 자원의 조합을 통해 창출하는 혁신적인 부가가치로 구분될 수 있다. 최상의 결과를 만들어내는 데는 '플러스알파'에 해당하는 부가가치를 해당 조직이 얼마나 창출할 수 있는가가 관건이 된다. 활동의 우선순위를 따지자면 가치를 높이는 활동이 먼저이고 원가를 낮추는 활동은 그 다음이어야 한다는 것이다. 가치를 높임으로써 매출을 통한 성장성과 효과성이 우선적으로 확보되지 않을 경우, 매출 감소 상황에서의 원가 절감 활동은 한계가 있을 수밖에 없기 때문이다. 따라서 리더들은 가치를 높이는 활동에 우선적으로 구성원들의 에너지를 집결시킬 수 있는 분위기와 아이디어를 촉진시키는 환경을 조성해야 한다.

● 눈에 보이지 않는 비용에 주목해라

가치 경영은 최고를 추구하는 선도 조직들이 추구하는 전략이다. 그 다음 순위의 조직들은 일반적으로 경쟁 전략을 수행하게 되고, 생존 전략이 절박한 후발 조직들은 효율 경영을 진행한다. 리더로서 담당부문이 조직 내에서 선도적인 위치를 굳히기 위해서는 팀원들의 가치 창출을 독려해야 한다. 그러려면 개방적인 분위기를 조성해 새로운 가치를 추구하는 시도가 늘 일어날 수 있도록 하고 실패에 대한 허용한도를 높여줘야 한다. 더불어 상황 판단력과 방향을 제시하는 능력 등 전략적 측면을 강화해 부하 직원들이 통찰력 있게 사업의 가치, 제품의 가치, 고객의 가치를 높이는 활동을 벌이게 함으로써 리더가 맡고 있는 부문이 조직 성과에 기여할 수 있도록 해야 할 것이다.

리더는 자신의 관리 활동에서 질 높은 가치 창출을 추구해야 하지만, 효율 제고 활동도 역시 리더가 추진해야 하는 또 다른 축에 해당된다. 대부분의 조직들은 효율성을 높이는 원가 절감을 위해 매출원가나 판매비, 일반관리비 등 손익계산서상의 비용들을 통제한다. 즉, 목표 수익을 예상해서 각각의 비용 계정을 어느 정도로 축소할지를 검토하는 것이다. 물론 손익계산서상의 비용 항목을 조절해야 하는 필요성이 있긴 하지만,

그것에만 지나치게 신경을 쓰다 보면 리더들이 놓치기 쉬운 부분들도 생긴다. 다름 아닌 기회비용, 거래비용, 그림자비용, 매몰비용 등과 같이 '눈에 보이지 않는 비용'들이 그것이다. 이 비용들을 관리하지 않으면 획기적인 절감 효과는 물론 조직의 진정한 효율 또한 달성되기 어렵다.

기회비용은 '어떤 하나를 얻기 위해 포기한 다른 어떤 것의 가치'로 비교적 널리 알려져 있는 개념이고, 거래비용은 '거래 조건에 대한 합의 사항을 작성하고 협상과 이행을 보장하는 비용'이다. 사회적 신뢰 수준이 낮으면 필요 이상의 거래비용이 많이 발생한다. 예를 들어 책임을 공

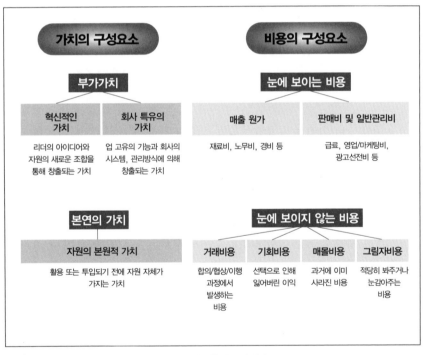

:: 그림 18. 가치와 비용의 구성 요소

트랩 : 조직의 발목을 잡는 32가지 착각

유하기 위해 불필요한 회의를 소집한다든지, 만일의 상황에 대비해서 공증 등 법적 절차를 추가적으로 거친다든지 하는 것들이 모두 거래비용에 포함되는 것들이다.

그림자비용은 '적당히 봐주거나 눈감아주는 비용'으로, 어떤 일이 추진되기 위해 큰 의미는 없지만 따라오는 비용에 해당한다. 예를 들어 상품의 구색이 중요한 경우에는 이득이 되는 제품뿐 아니라 이득이 안 되는 제품도 구색을 갖추어 판다든지, 특정 약품을 판매하기 위해 진단기기를 구입한다든지 하는 것이 그림자비용에 해당된다.

매몰비용은 '과거에 사용되어 이미 사라졌지만 과거부터 투입되어온 비용이나 노력 때문에 의미 없는 블랙홀에 계속적으로 투입하는 비용'에 해당한다. '슈퍼컴퓨터의 아버지'로 불리는 세이머 크레이Seymour Cray는 컴퓨터와 요트의 신모델을 꾸준히 개발했는데, 봄에 새로운 요트를 만들고 가을에는 구모델을 태워버렸다고 한다. 그는 '시대를 초월하는 완벽한 모델은 없고 구모델만 있다'며 이미 매몰된 비용을 과감히 포기하는 결단을 내린 것이다. 반면 포드 자동차의 헨리 포드Henry Ford 회장은 '모델 T'를 개발한 후 오히려 신모델들을 부수는 결정을 하다 GM에 추월당하기도 했다.

매몰비용을 포기하지 못하는 리더들이 잘못된 의사결정을 내리는 경우는 우리 주위에서도 쉽게 찾아볼 수 있다. 리더들은 효율적인 관리를 위해서 조직 내에서 눈에 보이지 않는 비용이 발생하고 있는지를 점검함과 동시에, 이것은 다른 사람들이 아닌 리더가 반드시 수행해야 하는 고유한 업무 활동에 해당함을 잊지 않아야 한다. 지금 우리 조직에서도 눈에 보이지 않는 비용이 발생하고 있는 것은 아닌지 다음 항목들을 통해 점검해보자.

거래비용

- 의사결정에 대한 부담을 줄이기 위해 모든 사람들을 끌어들여 회의를 한다.
- 실행보다는 합의의 형식을 빌리기 위해 다른 사람들의 의견을 묻는다.
- 문제의식이나 책임의식 없이 무조건 윗사람이 시키는 일만 한다.
- 과정에만 집착하다보니 의사결정되고 나서 실행되는 것이 없다.
- 조직 전체의 이익에 반하더라도 팀 차원의 방어 논리를 편다.
- 다른 부서, 다른 사람들의 생각에 대해 비판부터 한다.

그림자비용

- 내가 아니어도 누군가 일을 할 것이기 때문에 담당자가 지정될 때까지 기다린다.
- 일을 잘할수록 일이 많아지고 기대만 높아지기 때문에 적당한 선이 필요하다고 생각한다.
- 의견이 다르거나 잘못된 점이 보여도 그냥 넘어가거나 좋은 말만 한다.
- 내가 당사자가 아닐 때는 앞서가는 사람을 끌어내린다.
- 문제가 있을 때 그 일을 특정 개인에게만 결부시켜 집단적 책임을 면한다.
- 다른 부서로부터 배울 수 있는 것을 무시하고 자신의 방식을 고집한다.

기회비용

- 자신이 하는 일이 전체 그림이나 전략과 어떻게 관련되는지 이해하지 못한다.

- 전략이나 과제의 우선순위를 생각하기보다는 눈앞에서 발생하는 일에 에너지와 힘을 소비한다.

- '왜 이 일이 일어났는가'보다는 '무슨 일이 일어났는가'만을 생각한다.

- 철저한 실행을 해보지도 않고 계획과 방법을 바꾸는 것을 고민한다.

- 생각을 정리하지 못하고 결과만을 얻기 위해 바쁘게 움직인다.

- 어떤 문제든 이상적인 해법이 있다는 생각으로 완벽해질 때까지 기다린다.

매몰비용

- 특정 사안에서 보여준 능력보다는 그 사람의 직위나 직급으로 공헌도를 평가한다.

- 과거에 익숙한 것이나 전통을 지키기 위해 필요한 변화를 거부한다.

- 위기나 문제에 부딪혔을 때 해결했던 과거의 성공 경험을 믿고 환경변화에 둔감하다.

- 고객이나 이해관계자의 생각보다는 자신의 경험과 전문성에만 의존해 의사결정한다.

- 과거의 사례에 비추어 잘될 것이라는 생각으로 의사결정을 미룬다.

- 이전에 해왔던 관행과 사례를 기준으로 계획을 세우고 결과를 평가한다.

고객의 요구에 맞추면 고객 만족은 달성된다?

[나착각 과장의 생각]

고객의 움직임을 늘 조사하고 그들의 의견을 반영해 개선하고 있으니 고객도 우리의 노력을 알아줄 것이다. 우리는 최고의 제품과 서비스로 고객들을 만족시키고 있다.

● 고객과 현장을 직시해라

지구는 언제나 태양 주위를 돌고 있다. 태양이 없는 지구는 생각할 수도 없지만, 지구가 없더라도 태양은 별 영향을 받지 않는다. 고객이 바로 태양이다. 고객은 우리 없이도 살아갈 수 있지만, 고객 없는 우리는 존재할 수 없다. 또한 고객에 대한 자세도 지구를 본받아야 한다. 지구는 항상 태양을 향해 23.5도 기울인 자세로 돌아가고 있다. 우리도 항상 고객을 향해 관심을 기울인 자세, 겸손한 자세를 취해야 한다. 그래야만 우리가 추구하는 고객 가치 창조의 문을 활짝 열 수 있을 것이다.

이상은 고객 만족을 강조하고 있는 글이다. 이제 다음 퀴즈에 답해 보라. 왼쪽의 겨냥도를 보고 오른편 전개도에 있는 A, B, C, D에 들어갈 점의 개수를 맞춰보라.

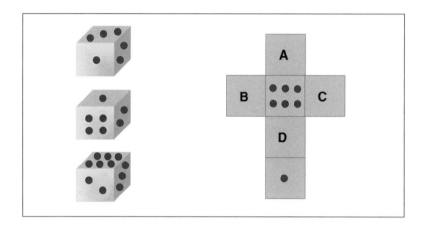

이 퀴즈를 내보면 대부분 2, 3, 4, 5의 조합을 이야기하느라 정답을 잘 맞히지 못한다. 우리의 선입견이 이것을 주사위라고 인식하고 있기 때문이다. 하지만 이것은 그저 각 면에 몇 개씩의 점이 찍힌 정육면체일 뿐, 주사위가 아니다. 그렇기에 어느 겨냥도를 보아도 5는 보이지 않고, 결과적으로 A, B, C, D에 들어가는 점의 개수는 2, 3, 2, 4다.

이처럼 정확한 사실보다 선입관에 사로잡혀 핵심을 찾지 못하는 현상은 우리가 고객을 분석할 때에도 많이 발생한다. 고객 만족을 위해서는 무엇보다도 우수한 제품과 서비스를 개발해야 하고, 이것은 고객을 만족시킴으로써 고객 이탈 현상도 감소시키기에 수익 유지가 가능해진다. 이에 대한 이해관계자들의 만족은 생산성 향상과 직원 만족을 위한 투자로 이어지고, 직원들의 만족은 자연히 고객 만족을 위한 환경 조성과 연결된다. 즉, 우수한 제품과 서비스가 지속적으로 만들어지는 선순환의 여건이 조성된다는 것이다.

때문에 리더들은 직원들이 보고하는 내용이나 자신이 경험적으로 가지고 있는 선입관을 따르기보다는 직접 고객과 현장에서 정확한 요구를 확인하는 노력을 기울여야 한다. 고객이 가치 있게 생각하는 요소들을 어떻게 조합해야 하는지, 고객들이 어떻게 우리 제품을 선택하게 해야 하는지 등은 사업의 성공 및 조직의 성과에 직결되는 요소이기 때문이다.

● 고객의 가치를 끊임없이 제고해라

고객 요구에 기반을 두는 '고객 가치의 발굴'을 강조했던 일본의 카노 노리아키狩野紀昭 교수는 고객의 요구 사항을 기본적 요소, 차별적 만족 요소, 매력적 감동 요소로 구분하고 있다.

기본적 요소는 '제공되지 않으면 고객이 불만을 느끼지만 제공된다고 해도 특별히 고객을 기쁘게 할 수는 없는 당연한 요소'로서 비교적 명확하게 파악되는 것들이다. 차별적 만족 요소는 '없으면 불만스럽고 제공되면 고객이 기뻐하는 요소'로서 음식점에서의 음식 맛과 같은 것이 이에 해당하는데, 기술적으로 파악하는 것이 크게 어렵지는 않다. 반면 매력적 감동 요소는 '제공되지 않는다 해서 고객이 불만스러워하진 않

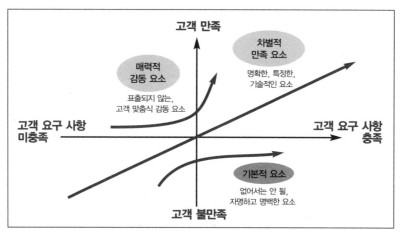

:: 그림 19. 카노의 고객 가치 분류 모델

지만 제공될 경우에는 고객이 크게 기뻐할 만한 요소'라 할 수 있는데, 쉽게 표출되지 않는다는 특징이 있다.

이 세 가지 요소들은 잘 알려지지 않은 새로운 가치 창조의 요소이거나 알고 있더라도 고객의 기대수준을 훨씬 뛰어넘는 가치 심화의 요소들이다. 몇 년 전 정부에서 추진했던 '브랜드화 과제 만들기'는 국민이 불편해하지는 않지만 제공되면 고마움을 느끼는 서비스, 즉 매력적 감동 요소를 개발하는 작업이었다. 병무청의 '친구야 함께 군대 가자', 소방방재청의 '꼬마 불자동차', 조달청의 '나라 장터', 국세청의 '홈텍스 시스템' 등의 사업들 역시 이와 같은 맥락에서 펼쳐진 것들이다.

그런데 아무리 감동적인 요소들이 제공된다 하더라도 기본 요소가 충족되지 않으면 나머지 두 가지 요소는 의미가 없기 때문에 가장 먼저 충족되어야 하는 것은 역시 기본적 요소들이다. 통계적으로는 제품, 서비스 사양의 5퍼센트가 감동 요소에 속하고 기본적 요소는 80퍼센트, 만족 요소는 15퍼센트를 점하는 것으로 알려져 있다. 그런데 매력적 감동 요소는 고객의 요구가 증대되거나 경쟁사들이 곧바로 모방할 경우에는 고객들이 이를 더 이상 고객 감동 요소로 인식하지 않기 때문에 계속해서 더 높은 수준으로 움직여야 하는 목표라 할 수 있다.

때문에 리더들은 고객도 즐거워하고 조직에게도 도움이 되는 대안들을 많이 발굴, 실행해야 한다. 리더로서의 자원이 허락하는 한 고객에게 최상의 요소를 제공하도록 부하 직원들을 독려하고, 목표 수준은 고객이 고마워서 절을 할 정도의 극한치에 두는 것이 좋다.

필자가 강의 때 고객 감동의 사례로 종종 인용하는 사례가 L전자의 메카폰이다. 세계 수십억의 이슬람교도들은 어디에 있든 하루에 다섯 번씩 이슬람교의 성전인 메카를 향해 절을 하는데 이때 먼저 메카의 방향을 확인해야 한다. L전자는 이에 착안하여 휴대전화 내에 메카를 향하는 나침반을 탑재한 메카폰을 개발했고, 덕분에 많은 이슬람교도들은 담요를 깔고 메카폰을 앞에 놓은 상태로 날마다 다섯 번씩 고객 감동의 절을 하게 되었다. 그 이후 버전의 메카폰은 이슬람교의 경전인 코란을 음성과 문자 메시지로 전달하는 서비스까지 제공하고 있다. 고객이 날마다 앞에 놓고 절하는 제품, 이 매력적인 고객 감동의 사례도 고객과의 접점에서 부단히 고객 가치 제고를 위해 격려하고 헌신했던 리더들의 땀과 노력의 산물이었던 것이다.

착각 26

리더십 커뮤니케이션은 대인 관계를 증진시키는 것이다?

[나착각 과장의 생각]

리더로서 효과적인 커뮤니케이션은 대인관계의 원칙들을 잘 알고 모든 팀원들과 좋은 관계를 형성하는 것이다. 커뮤니케이션과 성과 관리는 별개의 것이다.

● 커뮤니케이션의 궁극적 목적은 조직의 성과 관리다

『동의보감東醫寶鑑』에는 '통즉불통 불통즉통通卽不痛 不通卽痛'이라는 말이 있다. 이는 '소통되면 안 아프고, 소통이 안 되면 아프다'는 뜻이다. 사람의 몸이건 조직이든 소통이 중요하다. 그런데 리더가 어떤 리더십 커뮤니케이션을 해야 더 높은 성과를 낼 수 있을까를 생각해보면, 일반적인 대인 커뮤니케이션과는 다른 특별한 그 무엇이어야 함을 느끼게 된다.

조직 차원에서의 리더십 커뮤니케이션은 한마디로 '구성원들을 조직의 비전과 사업전략에 연계시키는 모든 활동'이다. 즉, 조직 내외의 정보를 구성원들이 이해하도록 전환시키는 프로세스인 것이다. 사실 팀원들이 원하는 것은 리더와의 더 많은 커뮤니케이션이 아닌, 자신들의 일과 미래에 영향을 미치는 핵심 메시지가 무엇인지를 이해하는 것이다. 그러므로 리더의 역할은 '정보의 원천으로서의 역할'이 아닌 '조직원들의 이해를 촉진시키는 역할'이라는 점을 알아야 한다.

리더십 커뮤니케이션은 단순히 신뢰를 형성하고 대인관계를 좋게 하는 의미 이상의 것이어야 하고, 궁극적으로 일의 성과를 내기 위해 소통과 실행을 촉진시키는 활동이어야 한다. 높은 수준의 소통과 실행이 이루어지지 않으면 실행 없이 입으로만 떠드는 고소통-저실행의 뺀질이 유형, 소통 없이 무작정 실행만 하는 저소통-고실행의 돌쇠 유형, 만사 귀찮은 저소통-저실행의 귀차니스트 유형을 양산하기 쉽다. 리더십 커뮤니케이션이 활성화된 고소통-고실행의 조직은 신나고 빠르게 달리는 분위기를 만든다. 당신이 이끄는 조직에는 어떤 유형의 사람들이 많은지 한번 생각해보라.

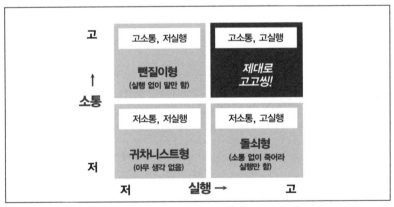

:: 그림 20. 소통과 실행의 매트릭스

트랩 : 조직의 발목을 잡는 32가지 착각

● 명확하고 개방적인 소통을 지향해라

대부분의 조직에서 소통이 잘 안 되는 이유는 크게 네 가지로 구분해 볼 수 있다. 첫 번째는 메시지를 보내는 사람이 지시나 표현 능력이 떨어져 불명확한 지시를 남발하거나 의도를 제대로 전달하지 못하기 때문이고, 두 번째는 시각이나 견해 및 세대 등이 달라 발생하는 경험과 관점의 차이 때문이다. 세 번째는 메시지를 받는 사람이 지시를 제대로 확인하지 못하거나 선택적 지각, 원칙의 망각, 부서 이기주의에 바탕을 둔 정치적 의도의 개입 등에 의해 이기적·자의적으로 지시를 해석하기 때문이고, 네 번째는 조직 분위기가 지나치게 권위적이거나 경직되어 있기 때문이다.

이런 문제점을 해소하고 소통의 효율성이 높은 조직을 구축하기 위해서는 오차를 줄이고 직접적이고 정확하게 전달하는 '명확하게 표현하고 전달하기Direct', 오감을 열고 개방적으로 소통하는 '공감하며 이해하고 수용하기Open', 원칙에 충실한 '정직하고 투명하게 처리하기Honesty', 격려하고 고무시키는 '칭찬하고 인정하고 배려하기Complimentary' 등이 이루어져야 한다. 즉, 출력과 가속력, 순발력이 두 배나 강해 막힘없이 강력하게 소통되는 자동차의 이중분사엔진DOHC을 장착, 조직의 커뮤니케이션 파워를 증강시켜야 하는 것이다.

의사 전달 시에는 무엇을, 왜, 어떻게 해야 하는지가 명확하게 전달되어야 하는데, 이를 위해서는 PREP 방식에 따라 소통하는 것이 효과적이다. 즉, 먼저 요점Point을 말하고 그 이유Reason를 든 후, 관련 사례

Example를 얘기하고, 다시 요점을 강조하는 방식이 그것이다. 예를 들면, "저는 이 방안은 재고해야 한다고 생각합니다"(요점) – "왜냐하면 우리 회사에서 이 방안을 채택하기에는 위험 부담이 크기 때문입니다"(이유) – "C사는 그 방법으로 매출을 올리는 데 성공했다는 보고가 있지만, 우리 회사와 C사는 규모도 다르고, 고객층도 다릅니다"(사례) – "때문에 이 방안을 실행하려면 우선 사업성에 대해 충분한 검토가 이루어져야 합니다"(요점 및 결론)와 같은 방법으로 전달하는 것이다.

일반적으로 개방적인 소통이 잘 이루어지지 않는 이유로는 상호 신뢰의 부족, 인식 · 경험 · 지식의 차이, 감정적 불편함, 경청 습관의 부재, 선택적 지각, 과다한 정보, 소통 채널의 잘못된 선택, 소음 등을 들 수 있다. 공감과 수용을 위해서는 한 번 말하고, 두 번 들으며, 세 번 고개를 끄덕거리는 '1, 2, 3의 방법'으로 소통하는 것도 바람직하다.

● 리더십 커뮤니케이션의 여섯 바퀴를 돌려라

리더십 커뮤니케이션은 단순한 대인 커뮤니케이션 스킬이나 목표 관리 프로세스라기보다는 리더와 구성원 간의 소통과 실행의 메커니즘에 해당한다. 리더십 커뮤니케이션을 통해 고소통-고실행의 조직을 만드는 데 있어서는 GE에서도 활용되고 있는 여섯 바퀴6 wheel 모델을 참고하는 것이 좋다. 이 여섯 개의 바퀴는 역할과 책임의 인식, 업무 성과에 대한 피드백, 존중과 배려의 분위기 조성, 목표, 성과, 정보의 공유, 가치

트랩 : 조직의 발목을 잡는 32가지 착각

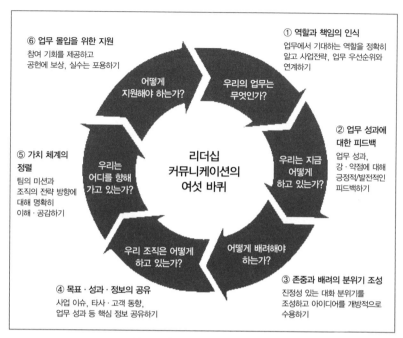

:: 그림 21. 리더십 커뮤니케이션의 여섯 바퀴

체계의 정렬, 업무 몰입을 위한 지원의 여섯 항목이다. 이제 이 항목들을 차례로 살펴보자.

첫 번째 요소인 '역할과 책임의 인식'은 업무에서 기대되는 역할과 책임을 이해하고, 업무의 계획과 결정 및 실행 과정에 구성원들을 참여시키면서 역할과 책임을 사업전략과 업무 우선순위에 연계시키는 커뮤니케이션이다. 두 번째인 '업무 성과에 대한 피드백'은 업무 성과에 대한 긍정적 피드백을 주고, 업무 추진 과정의 강·약점을 확인하며, 상사와 구성원 간의 업무성과 향상 이슈를 협의하는 활동이다. 세 번째 요소인 '존중과 배려의 분위기 조성'은 구성원들과의 진정성 있는 대화, 리더 자신의 스타일에 대한 피드백 청취, 구성원들의 아이디어에 대한 개방적 수용 등이 해당된다. 네 번째인 '목표·성과·정보의 공유'는 경영 현황이나 사업 정보의 공유, 팀의 성과 목표와 회사 사업 목표와의 연계, 업무 성과 및 실적에 대한 격려와 인정 등을 뜻한다. '가치 체계의 정렬'은 사업 비전과 전략적 방향에 대한 공감 및 비전·미션·전략에 대한 개인적 몰입, 회사의 가치 체계를 일상 업무와 연계하는 활동을 말한다. 마지막으로 여섯 번째 요소 '업무 몰입을 위한 지원'에는 업무 과제를 설정하고 의사결정에 참여할 수 있는 기회 제공, 위험 요소나 실수의 포용, 공헌에 대한 인정과 보상, 업무 지시의 명확성, 수평적 협조 체계 유지 등이 포함된다.

자신이 리더로서 효과적인 리더십 커뮤니케이션을 수행하고 있는지를 확인하고 싶다면 아래의 점검 항목들을 체크해보자.

역할과 책임

■ 조직 구성원들이 기대되는 역할과 책임을 이해하도록 도와주고 있는가?

■ 우선순위와 마감 기한을 상호 합의해서 설정하고 있는가?

■ 가능한 분야는 구성원들을 참여시켜서 계획하고 결정하고 실행에 옮기도록 하고 있는가?

■ 구성원들의 역할과 책임이 사업전략이나 우선순위와 연계되어 있는가?

성과에 대한 피드백

■ 성과에 대해서 발전에 도움이 되도록 긍정적인 피드백을 제공하고 있는가?

- 구성원들이 잘하고 있는 것뿐 아니라 잘하지 못하고 있는 것에 대해서도 정확하게 전달해주고 있는가?
- 성과 개선에 필요한 상사와 부하의 행동에 대해 협의하고 있는가?
- 성과에 대한 피드백이 수시로 적절하게 이루어지고 있는가?
- 부하 직원들의 성과 향상을 위해 효과적으로 경청하고 코칭하고 있는가?

존중과 배려의 분위기

- 구성원들을 존중하면서 진정으로 대화하는 시간을 갖고 있는가?
- 현장을 수시로 방문하고 있는가?
- 구성원들이 자신들의 생각과 관심사항을 표현할 수 있는 미팅이 열리고 있는가?
- 리더의 스타일에 대한 구성원의 피드백을 수시로 받고 있는가?
- 구성원들의 생각과 아이디어를 인정하고 의견을 수용해 실행에 옮기고 있는가?
- 일상 활동에서 실제적이며 적절한 수준으로 겸손하게 과업을 실행하고 있는가?

목표, 성과, 정보의 공유

- 시의적절하게 기본적인 비즈니스 정보를 공유하고 있는가?
- 팀의 성과 목표와 회사의 사업 목표를 어떻게 연계할지를 논의하고 있는가?
- 업무성과와 업적에 대한 인정이 이루어지고 있는가?
- 팀의 성과 개선에 필요한 것이 무엇인지 수시로 협의하고 있는가?

- 구성원 간의 교류나 축하 행사 등을 통해 팀을 뭉치게 하는 기회를 갖고 있는가?

비전, 미션과 가치

- 사업의 비전과 미션, 전략적 방향에 대해 구성원들에게 알리고 공감을 얻고 있는가?
- 회사의 가치 체계를 내재화하고 그에 맞추어 실행하도록 하고 있는가?
- 비전, 미션, 전략에 대해 확신을 갖고 몰입하게 하고 있는가?
- 비전, 미션, 가치를 일상 업무와 연계할 수 있도록 지원하고 있는가?
- 리더가 직원들을 이해하고 배려하기 위해 노력하는 것을 느끼게 하고 있는가?

권한 위양

- 구성원들에게 진정한 의미의 '참여의 기회'가 주어지고 있는가?
- 직원들이 주요 과제를 설정하고 의사를 결정할 권한이 있는가?
- 비록 실수할지라도 기꺼이 리스크를 감수할 수 있도록 지원하고 있는가?
- 실질적으로 공헌한 부분에 대해 인정하고 보상하는가?
- 전사적인 차원에서 부서 간의 상호협력을 지원하고 있는가?
- 구성원들의 상호 신뢰와 헌신적인 노력을 강조하고 있는가?

일과 사람 모두를 중시하는 통합형 리더가 이상적이다?

[나착각 과장의 생각]
사람은 물론 일에 대한 관심도 높게 팀원들을 관리하는 것이 이상적인 리더십이다.
하지만 가급적 사람을 중시하는 리더십이 시대 상황에도 맞고 팀원들의 가치와도
부합된다고 생각한다.

● 당신은 어떤 유형의 리더인가?

리더십 이론에서 바람직한 리더십 스타일로 소개되는 것은 일 관리와
사람 관리를 모두 중요시하는 유형이다. 하지만 모두 중시한다는 것은
때론 어느 쪽도 강조되지 않는 것으로 보일 수 있고, 어떤 행동을 어느
정도로 해야 적정한 것인지 판단이 어려우며, 지나치게 이상적이어서 비
현실적인 것처럼 보이기도 한다. 그런데 현대 사회의 조직은 사람의 중
요성을 강조하는 분위기이다보니 사람 관리에 더 중점을 두어야 한다는
주장이 힘을 받을 때가 있는가 하면, 그래도 조직의 목표 달성이라는 대

전제를 생각해보면 오히려 일 관리에 좀 더 중점을 두는 것이 필요하지 않을까 싶은 경우도 있다. 그렇다면 우리들 자신은 어떤 리더십 스타일에 속하는지 진단해보자.

개인별 리더십의 스타일을 진단하는 이론이나 도구는 매우 다양한데 가장 기본적인 것은 행동 이론에 의한 관리 격자 이론, 즉 리더의 행동을 과업 지향 행동과 관계 지향 행동으로 나누어 각각 1에서 9까지의 척도를 부여한 후 해당되는 리더의 스타일을 다섯 가지 유형으로 구분하는 방식이다. 과업 지향의 행동은 목표를 설정하고 지시, 통제하면서 업무 우선순위와 평가를 수행하는 행동을 말한다. 반면 관계 지향의 행동은 부하들에게 지원과 칭찬을 제공하고, 원활한 의사소통을 통해 상호작용을 촉진하면서 경청, 피드백, 질문, 코칭 등을 적절히 구사하는 행동을 말한다.

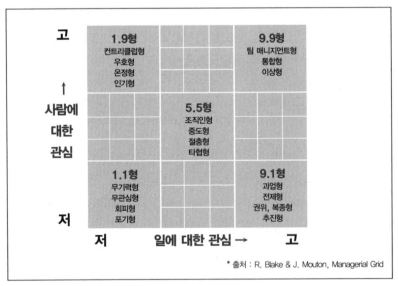

:: 그림 22. 관리 격자 이론의 유형

트랩 : 조직의 발목을 잡는 32가지 착각

1) 자신이 부하보다 유능한 전제형

일에 대한 관심이 높고 사람에 대한 관심이 적은 9.1형 리더는 '전제형' 리더라 할 수 있다. 전제형 리더들은 결과를 중시하고 부하들을 사사건건 감시하는 경향이 있다. 이들은 조직이 '약육강식의 정글 법칙이 지배하는 곳'이라고 인식하며 '나는 유능하지만 부하 복이 없다'는 관점을 갖고 있다. 그리고 정보를 독점하고 책임 할당 식으로 목표를 부여한다. 평소 사용하는 말에도 뿌리 깊은 승부 근성이 나타나고 직위를 이용해 부하들의 말문을 막거나 흑백논리로 상황을 판정한다. 또한 "항상" "결코" "~해야 한다" "증거를 대" "지시만 따르라" 등의 강한 표현을 즐겨 사용한다. 이러한 전제형 리더들은 부하들로 하여금 극심한 긴장감이나 무력감에 빠져들게 해서 예스맨으로 만들 가능성이 높다. 따라서 부하들은 정보를 은폐, 왜곡하거나 독재적인 상사를 제거하고 싶어 하는가 하면 심한 경우에는 직장을 떠나기도 한다. 조직 역시 잔인한 독재자의 힘에 눌려 움츠러들 가능성이 높다.

이 유형의 리더들은 일반적으로 시간 강박증이나 불면증, 편두통에 시달리는 경우가 많고 사디스트적인 경향을 띤다. 심지어 질병조차도 개인적 실패로 보고 부하들의 병가도 일절 허용하지 않으려 한다. 통계적으로 보면 심할 경우 급사急死의 우려가 있고 심장마비를 일으킬 확률이 일반인의 일곱 배가량 높다는 발표도 있다. 이런 성향은 성장 과정에서 실패를 통해 승리와 힘을 과장되게 인식했거나 부모의 기질을 유전적으로 물려받은 경우, 혹은 부모의 지나친 사랑이나 무관심으로 인해 형성되는 경우가 많다고 한다. 이러한 전제형 리더는 사회가 다원화되면서 점차 감소 추세에 있다.

2) 사람 좋은 컨트리클럽형

전제형과는 반대로 관계 지향적인 행동이 높고 과업 지향적인 행동이 낮은 유형은 1.9형의 '컨트리클럽형'이다. 이 유형의 리더는 주체성이 약하고 상대가 누구든 적당히 비위를 맞추며 잔걱정이 많다. '내가 잘해 주면 남이 내게 해를 끼치지 않을 것'이라는 생각이 강해 남에게 싫은 소리를 잘 하지 못하고 작업 집단을 행복한 대가족으로 인식하는 경향이 있다.

갈등이 생겼을 때 상대 의견에 반대하거나 잘못을 지적하는 식의 주장을 잘 하지 못해서 쉽게 양보해버리거나, 남의 부탁을 거절하지 못해 일을 받았다가 낭패를 보기도 하는 것이 컨트리클럽형 리더들의 특징이다. 부하들은 신변의 위협이 느껴지지 않기 때문에 어느 정도의 안도감을 느낄 수도 있지만 창조성이 질식되는 느낌을 받게 되고, 도전적인 부하는 자신의 노력이 사장死藏된 것에 분개하며 조직을 떠나곤 한다.

컨트리클럽형 리더들은 일반적으로 자신감이 결여되어 있어서 '나는 상대적으로 열등하고 타인들은 나보다 낫다'는 생각을 가지고 있을 가능성이 높다. 이런 성향은 성장기에 가부장적 복종을 강요받았거나 부모의 지나친 사랑이 원인이 되어 나타날 수 있으며, 건강 면에서는 천식이나 우울증, 장염, 당뇨병의 발병률이 높다고 한다. 이런 리더가 있는 조직은 의사결정 시의 능률이나 생산성이 떨어지고 적당주의, 편의주의가 만연해 있어 마치 골프장의 컨트리클럽처럼 분위기는 좋지만 성과는 떨어지는 조직이 될 가능성이 높다.

3) 자포자기의 무기력형

과업과 관계 행동 모두에 관심이 낮은 유형은 1.1형의 '무기력형'이다. 이 유형은 '나도 당신들도 모두 문제가 있다'는 폐쇄적인 관점을 가지고 조직에 안주하면서 뭐든 알아서 하라는 식의 행동 방식을 취한다. 하지만 회의 때는 고개를 끄덕이면서 메모하는 시늉을 한다거나 정해진 시간이나 보고 기한을 엄수함으로써 무기력형의 태도나 행동이 남들에게 부각되지 않도록 중립적인 모습을 보인다. 이들은 '좋지 않은 일은 보지도 말하지도 말자' '나는 조직에 아무런 흔적을 남기지 않겠다'는 식의 생각을 실행하지만 문제가 생기면 책임을 전가하고 자리 보존에 나서기도 한다. 만일 이러한 무기력형 리더 밑에 있는 부하가 출세 지향적이라면 리더의 특징을 파악한 뒤 그는 무시한 채 차상위 상사에만 신경을 쓰게 될 가능성이 높다.

무기력형 리더는 작업 환경이 단순하거나 필요 이상의 인력이 고용된 조직에서 나타날 가능성이 높은데, 무관심한 태도로 일관하기 때문에 조직에 막대한 피해를 끼치게 된다. 개인적으로는 의욕이 상실되어 조사無死할 가능성이 높고, 절망감이 강해 폐결핵이나 암이 발생할 가능성 또한 높다고 한다. 이런 리더는 지나치게 엄격하거나 변덕스러운 부모 밑에서 양육된 경우가 많다고 하는데, 문제를 문제로 보지 않는 '케세라 세라' 식의 무기력증에 빠져 결국엔 조직과 개인 모두를 심각한 파국으로 몰아넣을 수도 있다.

4) 세련된 조직인 타협형

일과 사람에 절반 정도씩의 관심을 두는 5.5의 '타협형' 리더는 조직 내에서 가장 흔하게 발견되는 유형이다. 이런 리더들은 대세에 순응하면서 평판에 신경을 쓰고, 유행을 따르고 화술이나 외교적 재치도 있으며, 비공식적인 정보 안테나도 가동시키는 세련된 모습을 보인다. 하지만 일과 사람 양쪽 모두에 최선을 다하지 않는 것이 문제가 된다. 특히 이들의 신념은 다소 추상적이기 때문에 타인의 견해나 관례를 따르고 목표 수준도 평이하게 설정하며 모든 이들에게 비슷한 수준의 높은 고과를 주는 경향이 있다. 하지만 조직의 규정은 준수하고 편의주의적 조치들을 주로 취한다.

이들은 주로 대세를 따르다보니 소수파로 몰리면 자신의 주장이 옳더라도 열등감을 느끼게 되고, 진정한 친구를 잘 만들지 못한다. 건강 측면에서는 중요 태스크와 주위의 평판에 대한 부담감 때문에 불안증이나 위궤양 등을 앓는 이들이 많다고 한다. 성장 과정에서의 특징을 보면 전문가에 의존하고 평판을 중시하는 부모 밑에서 성장했거나, 우수한 아이였지만 무비판적 수용을 통해 그러한 성향이 고착되었을 가능성이 있다고 한다. 이런 리더가 이끄는 조직의 구성원들은 타인의 평판을 좇고 처세술을 연마하며, 관료형의 허약 체질로 변하게 된다. 사회가 전문화되면서 이런 유형은 증가되는 추세에 있는데, 이의 보완을 위해서는 좀 더 높은 목표를 설정하고 피드백을 강화해야 한다.

5) 잘 먹고 잘 자는 팀 매니지먼트형

마지막으로 일과 사람 모두에 중점을 두는 9.9형은 '팀 매니지먼트형'으로 불린다. 이런 리더는 일을 통해 부하들을 키우려는 리더들로, 목표도 명확하고 난이도나 시간변수 등을 감안해 성과를 객관적으로 평가하는 자율형 리더라고 할 수 있다.

부하들은 의욕적인 참여가 가능하고 리더의 역할 모델을 따라 성공체험을 쌓아가게 되지만, 너무 이상을 추구하기 때문에 비현실적이라는 부담감을 줄 수 있다. 이런 리더는 '나도 상대방도 모두 좋다'는 긍정적 마인드를 갖고 있고 일상의 스트레스 관리도 철저해서 그야말로 잘 먹고 잘 자는 건강한 모습을 보인다. 또한 이 유형의 리더들은 자율에 바탕을 둔 체계적인 과정을 거쳐 자기책임하에서 객관적인 평가를 받는 환경에서 성장해왔다고 볼 수 있다. 이런 리더가 많아야 조직의 경쟁력이 강해지겠지만 이 유형은 비현실적이라거나 부담이 너무 크고, 시간이 너무 많이 걸린다는 비판을 받을 수 있다.

● 전제형 리더십을 강화해라

관리 격자 이론에서는 9.9형의 리더십을 가장 이상적으로 평가하고 있지만, 조직의 상황이나 부하들의 수준 등을 고려해서 적절한 리더십을 구사하는 것이 중요하다. 자신이 어떤 리더십 유형에 해당되는지를 진단하고자 한다면 스스로에 대한 평가와 더불어 같이 일하는 상사, 동료, 부하가 내리는 평가와도 비교해보는 것이 보다 객관적일 것이다.

현재 우리나라의 조직 리더들이 구사하는 리더십 스타일을 진단해보면 전제형이 줄어들면서 컨트리클럽형, 무기력형이 증가되고 있음을 알 수 있다. 리더의 첫 번째 역할은 조직 목표의 달성이기 때문에 소신껏 목표 달성을 위해 매진하고 강력한 카리스마를 발휘하는 전제형 리더가 무한정 줄어드는 것은 바람직하지 않다. 조직 상황은 복잡해지고 리더십의 중요성은 더 커지고 있는데 과거의 많은 리더들이 갖고 있었던 한계 돌파의 역동적인 리더십을 잃고 유약한 리더들만 양산된다면 우리나라 조직의 앞날은 어두울 수밖에 없을 것이기 때문이다. 따라서 통제적이고 지시적이면서 가끔은 독재적이기도 한 전제형 리더십을 우리나라의 현 리더들은 강화할 필요가 있다 하겠다.

리더십은 부하들을
관리하는 것이다?

[나착각 과장의 생각]
리더십은 부하들에게 영향력을 발휘하는 활동이다. 나는 부하들이 원하는
리더십 스타일을 알고 있으므로 정해진 리더십 방식의 준수 정도가 결과에 영향을
미칠 것이다. 상사를 보좌하는 팔로어십은 리더십과 별개의 영역이다.

● 리더십, 부하의 수준에 따라 달라져야 한다

리더십은 관리하는 것이라기보다는 이끄는 활동이고, 부하, 상사, 동
료와의 관계 속에서 만들어진다. 부하들의 수준에 따라 다르게 대응해
야 할 뿐 아니라 상사에 대해서도 적절하게 대응해야 바람직한 리더십이
발휘될 수 있다. 리더십은 상사에 대한 팔로어십, 동료들과의 파트너십,
부하들에 대한 리더십을 모두 포괄하는 개념으로 보는 것이 적절할 것이
다.

상황 대응 리더십은 앞서 살펴본 행동 이론에 대한 문제 제기에서 비

롯되었다. 리더가 과업 지향 행동과 관계 지향 행동 모두를 높게 유지하는 것이 효과적이라면 조직의 상황이나 부하들의 수준이 달라도 똑같은 리더십을 발휘해야 하는데 여기에 문제가 있다는 것이다. 즉, 부하들의 능력이나 의욕에 따른 성숙도 수준을 놓고 많은 리더들의 성과를 조사해본 결과 부하의 수준에 따라 다르게 행사하는 리더십, 즉 상황 대응 리더십이 효과적이라는 주장이다.

상황 대응 리더십 이론에 따르면 성숙도가 가장 낮은 1단계 수준의 부하들에게는 지시적 행동을 많이 하고 협력적 행동은 적게 하는 '지시적 리더십'을, 2단계 수준의 부하들에게는 지시와 협력을 모두 많이 하는 '설득적 리더십'을 구사하는 것이 좋다. 그리고 3단계 수준의 부하들에게는 지시는 적게 하고 협력을 많이 하는 '참여적 리더십'을, 가장 높은 단계의 부하들에게는 협력과 지시를 적게 하는 '위임적 리더십'을 발휘해야 한다.

부하들을 범주화해서 생각해보면 이를 좀 더 쉽게 이해할 수 있다. 의욕과 능력이 모두 떨어지는 문제형 부하들은 철저하게 지시, 감독하는 방식으로 관리하고, 능력은 다소 떨어지지만 의욕적인 노력형 부하들에게는 리더가 의견을 주고받으며 깊이 관여하는 설득적인 리더십이 필요하다. 그리고 능력은 있지만 의욕이 낮은 불만형 부하들에게는 의견을 나누고 함께 결정하면서 과정에 참여시키는 리더십이, 능력과 의욕이 뛰어난 인재형 부하들은 알아서 하도록 일을 맡기는 위임적 리더십이 바람직하다는 것이다.

『논어』의 「선진편先進篇」에는 다음과 같은 얘기가 전해지고 있다.

트랩 : 조직의 발목을 잡는 32가지 착각

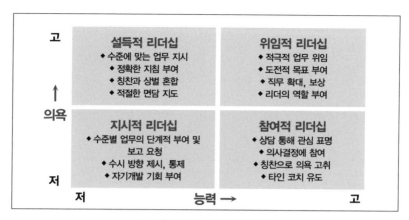

:: 그림 23. 부하 수준별 대응 방안

염유가 공자에게 물었다. "의로운 일을 들으면 바로 실행해야 합니까?"

공자가 대답했다. "실행해야 한다."

그 후에 중유가 똑같은 질문을 공자에게 던졌다. "의로운 일을 들으면 즉시 실행해야 합니까?"

공자가 대답했다.

"부모 형제가 살아있는데 어찌 네 판단만으로 실행할 수 있겠느냐. 함부로 행동해서는 안 된다."

공자의 대답을 들은 자화가 의아해하며 다시 물었다. "어찌 같은 질문에 다른 대답을 하십니까?"

그러자 공자가 말했다.

"염유는 머뭇거리는 성격이어서 앞으로 나아가게 해준 것이다. 그러나 중유는 담력이 매우 커서 무슨 일이든 겁내지 않는 성격이기 때문에 성격을 억제시키려는 대답을 한 것이다."

사람의 능력이나 특성은 차이가 있기 때문에 각자에 맞추어 능력을 발휘할 수 있도록 지도해야 한다는 공자의 이러한 가르침은 부하 직원들의 능력이나 의욕, 성숙도 수준에 때라 다른 리더십을 행사해야 한다는 주장과 관점을 같이하고 있다.

● 상사도 신경 써서 관리해라

그런데 조직 내 중간 관리자의 역할을 수행하는 리더들은 대부분 부하와 상사 사이에 긴 샌드위치맨의 상황에 처해 있다. 이는 곧 부하의 수준뿐 아니라 상사의 스타일에 따라서도 적절하게 대응해야 조직 내에서 또는 부하들에게 영향력 있는 리더로 인정받을 수 있다는 것을 뜻한다.

사람들은 상사를 구분할 때 장난삼아 똑똑함과 부지런함을 두 가지 기준으로 해서 똑똑하고 부지런한 똑부형, 똑똑하지만 게으른 똑게형, 멍청하지만 부지런한 멍부형, 멍청한 데다 게으르기까지 한 멍게형 등 네 가지 유형으로 나누곤 한다. 일반적으로 부하들이 가장 싫어하는 상사의 유형은 능력이 떨어짐에도 불구하고 여기 저기 일을 벌이는 멍부형이 꼽히고, 부하들이 가장 좋아하는 유형으로는 상황 판단은 똑똑하게 해주면서 일처리는 부하들에게 위임하는 똑게형 상사를 선택하는 경향이 있다. 하지만 상사의 입장에서 본다면 똑게형인 부하보다는 똑부형 부하를 선호할 것이다. 이처럼 조직 생활에서 나를 둘러싸고 있는 상사는 똑부형을 요구하고, 부하들은 똑부형 상사는 모시기가 너무 피곤할 것으로 보고 똑게형 스타일의 관리방식을 원하기 때문에 상대에 따라 다른 리더십의 이미지를 보여주어야 한다.

상사의 유형은 크게 조직 내에서의 입지와 업무 스타일의 강압성을 두 축으로 하여, 입지도 강하고 일처리도 강압적인 돌진형, 입지는 강하지만 일처리는 부하에게 맡기는 위임형, 입지는 약하지만 강압적인 과시형, 입지도 약하고 스타일도 약한 문제형으로 나눌 수 있다. 그렇다면 각자 다른 이러한 상사 유형에 따라 어떻게 대응해야 할지 생각해보자.

돌진형 상사는 자신감이 충만해 가끔 부하를 불신할 가능성도 있기 때문에 평상시에는 상사의 지시를 따르고 중요한 결정에 대해서는 지도를 요청하는 것이 바람직하다. 하지만 결정적인 순간에는 자신의 진면목을 한 번씩 보여줘야 독립된 리더로서 상사의 신임을 받기가 쉬워진다. 위임형 상사는 개인기를 중시하고 때론 사람에 대한 관심이 낮을 수 있으므로 부하 입장에서는 스스로 목표를 정하고 진행 업무를 상사에게 자주 점검받는 것이 좋다.

반면 과시형 상사는 취약한 조직 내의 입지를 만회하기 위해 전시용 업무를 벌이기 쉽고, 강자에게 약하고 약자에게 강할 가능성이 있기 때문에 중요한 업무는 자발적으로 처리하면서 주변의 리더들이나 다른 부문 상사들과의 네트워크를 잘 활용할 필요가 있다. 또한 문제형 상사가 가지고 있는 유일한 목표는 '자리 보존'이므로 부하들이 외압에 시달릴 가능성이 있고 조직에 문제점이 발생할 가능성이 높다. 이때는 가능한 한 많은 업무를 맡으면서 주도적으로 리더십을 발휘하고 오히려 적극적으로 상사를 관리해야 한다.

사실 조직 생활에서 상사는 절대적인 존재다. 리더십을 발휘하면서 조직에서 인정받아 점점 더 중요한 역할을 가지는 리더로 성장해가는 데 있어서 상사들은 많은 권한과 영향력을 행사하기 때문이다. 그러므로 상사를 적대시하는 마음을 갖고 있거나 친한 동료에게라도 험담을 늘어놓으면 위험해질 가능성이 높다. 상사는 나의 업무나 상황에 대해 가장 잘 판단할 수 있는 사람이기 때문에 자신에 대한 그의 판단을 확인하고 의사결정 시 상사의 의견을 반영할 필요가 있다.

맨체스터 컨설팅의 CEO인 재키 그리너는 "80퍼센트의 직원들은 경영층에게 바라는 것이 전혀 없다"라고 말한 바 있는데, 한국의 조직에서도 상사에 대한 불신이 점점 커져가는 듯하다. 어떤 자료에 의하면 직장인들이 조직을 떠나는 가장 큰 이유는 '상사가 보기 싫어서'라고 한다. 상사와 맞지 않으면 날마다 가까이서 부딪쳐야 하는 고통 때문에 출근이 싫어질 것은 당연하다.

하지만 한때 갈등이 있었더라도 시간이 지나고 보면 별일 아니었던 것으로 여겨질 수 있고, 상사 역시 스트레스 받으며 조직생활을 하는 샐러리맨으로서의 애환이 있다는 것을 기억할 필요가 있다. 또한 상사도 리더십을 고민하는 존재이기 때문에 자신의 리더십을 강화시키는 데 상사의 도움을 받을 수도 있다. 상사에게 눈에 띄게 아부할 필요는 없지만 그가 내 직업 인생의 중요한 동반자라는 사실을 이해하고 적극적으로 보좌해야 자신이 리더로 계속 성장해갈 수 있을 것이다. 게다가 리더로서의 나 역시 부하들을 출근하기 싫게 만드는 상사일 가능성도 얼마든지 있다는 점을 명심해야 한다.

코칭은 정례적으로 행해야 한다?

[나착각 과장의 생각]

팀원들의 성과를 높이기 위한 코칭은 평소 바쁜 업무로 실행이 어려우므로 면담이나 인사평가 시 일정에 맞추어 정례적으로 반드시 실시해야 한다.

● 코칭의 핵심은 타이밍이다

코칭은 '부하 직원의 수행능력 향상을 위해서 지식을 익힐 기회를 제공하고 성공적으로 업무를 수행할 수 있도록 행동을 변화시키는 과정'이다. 코칭의 목적에 대한 조사 결과를 보면 현 성과의 향상(78%), 수행 문제의 교정(71%), 팀 정체성 확립과 팀워크 개발(45%), 변화 경영(45%), 승계 관리(37%), 임직원의 성공 보장(32%) 순으로 나타난다. 그런데 코칭이 잘 안 되는 이유로는 리더들이 코칭의 방법을 잘 모르거나, 코칭을 위해 시간을 투자하지 않거나, 참고 기다려 주지 못하거나, 부하들이 스스로 수행 향상을 해야 한다고 믿기 때문 등이 있다. 부하들 역시 자신이 일에 대해 잘 알고 있다고 생각하거나 자신의 업무 방식을 바꾸고 싶어 하지 않기 때문에 코칭에 관심이 없는 경우가 많다.

코칭에는 타이밍이 중요하다. 그러므로 코칭은 정기적인 미팅이나 면담 시뿐만 아니라 수시로, 또 계획적으로 실시되어야 한다. 품질 관리 이론에서는 예방 비용과 검사 비용, 실패 비용을 '1:10:100의 법칙'으로 설명하고 있다. 제품 품질의 불량을 사전에 예방하기 위해서 1만큼의 비용이 들어간다면, 제품 완성 후 불량품을 검사하는 데는 그 열 배인 10의 비용이 들어가고, 제품이 고객에게까지 전달되었는데 불량이 확인된 이후에 조치하고 수습하는 데는 예방 비용보다 100배나 많은 비용이 필요하다는 것이다. 이것은 코칭에도 마찬가지로 적용해서 설명할 수 있다. 즉, 일상적인 코칭에 1의 노력이 들어간다면 시기를 맞추지 못한 지연된 코칭에는 10의 비용이 들어가고, 평가 시에만 하는 코칭에는 100의 비용이 필요하다는 것이다. 그렇기에 코칭은 정해진 시기의 연례행사가 아니라 일상적인 관리 활동 안에 중요한 비중으로 포함되어야 하는 활동이다.

코칭 전문가인 존 휘트모어John Whitmore는 코칭의 방법으로 GROW 모델을 제시하고 있다. 이는 주제와 목표의 확인Goal, 현상 파악Reality, 대안 탐색Options, 실행 계획What의 절차로서, 일반적인 문제 해결 프로세스와 유사하다. 사람은 누구나 신체적, 정신적 사이클이 있다. 일을 할 때도 의욕이 충만해서 안 되는 일이 없을 것 같은 느낌이 들 때가 있는가 하면 도무지 신이 안 나서 잘하던 일도 하기 싫을 때가 있다. 코칭을 할 때도 이와 마찬가지로 부하들의 상태나 일하는 방식을 세심히 살펴볼 필요가 있다.

필자의 경우 신입사원 시절에 잠시 영업 활동을 했던 적이 있는데, 한 여름에 거래처를 방문했던 때의 기억이 새롭다. 뜨거운 여름에 영업을 나가면 조금만 움직여도 셔츠가 땀으로 범벅이 되기 십상이다. 조금이라도 땀에 젖는 것을 피해보려고 어깨를 들썩이면서 천천히 다니지만 얼마 지나지 않아 전신으로 땀이 흘러내리는 것을 느끼게 된다. 어떤 날에는 '어디 한번 해보자' 하는 의욕이 발동해서 이미 옷을 적신 땀 따위는 신경 쓰지 않고 다른 날보다 더 열심히 많은 거래처를 방문하곤 했지만, 왠지 일하기 싫은 날이면 적당히 시간을 보내고 와서 열심히 일할 때 확보해두었던 방문 실적을 기록하기도 했다.

내근직이건 외근직이건, 날마다 매시간 모든 사람들이 계속 집중해서 열심히 일하기는 어렵다. 그러므로 리더는 부하들의 상황을 파악, 정서적으로 그들을 이해하면서 리드해나가야 한다. 부하들이 의욕에 불타올라 흐르는 땀에도 아랑곳하지 않고 일한 후 젖은 셔츠가 오히려 뿌듯하게 느껴지도록 동기를 부여하는 것이 리더의 역할 중 하나인데, 이런 것들은 일상적으로 부하 직원들에게 관심을 갖고 코칭을 해야만 가능하다. 다시 말해 코칭은 원하는 성과를 창출하고 부하들을 성장시키기 위해 리더가 해야 하는 가장 중요한 활동 중의 하나인 것이다.

그런데 코칭을 잘하려면 커뮤니케이션을 잘해야 한다. 코칭에 필요한 효과적인 커뮤니케이션 방법으로는 적극적 경청, 효과적인 질문, 적절한 피드백을 우선적으로 꼽을 수 있다. 피드백은 객관적, 구체적으로 적시에 제공되어야 한다. 긍정적인 피드백은 사안이 발생하자마자 많은 사람들 앞에서 제공하고, 부정적 피드백은 시간을 두고 개별적으로 제공하라는 것이 일반적으로 알려진 사실이다. 단, 리더가 부하에게 하는 피드백이 솔직하지 못하거나 불완전할 경우 오히려 안 좋은 결과가 야기될 수 있다는 점도 기억해야 한다.

● 소모적인 게임에 걸려들지 말라

리더가 부하의 특정 행동을 강화시키려면 바람직한 행동에 대해서는 긍정적인 대가를 제공하거나 부정적인 대가를 제거하고, 바람직하지 못한 행동에 대해서는 긍정적 대가를 제거하거나 부정적 대가를 제공해야 한다. 바람직한 행동에 대해 칭찬과 같은 긍정적인 대가를 제공하는 것은 곧 긍정적인 강화에 해당하고, 바람직하지 못한 행동에 대해 처벌과 같은 부정적인 대가를 제공하는 것은 부정적 강화에 해당한다.

바람직하지 못한 행동에 대해서는 부정적 강화 제공과 더불어 긍정적인 대가도 제거해야 한다. 중요한 회의 때 불필요한 농담을 하는 부하가 있다면 당사자가 원하는 다른 사람들의 호응을 없애버려 그런 행동을 반복하지 못하게 하는 것이 한 예라 할 수 있다.

바람직한 행동을 위해 부정적인 대가를 제거하는 것은, 불평불만에 대해 질책도 하지 않고 무시해버림으로써 악순환이 반복되지 않도록 하는 방법이다. 다음의 대화를 보자.

236

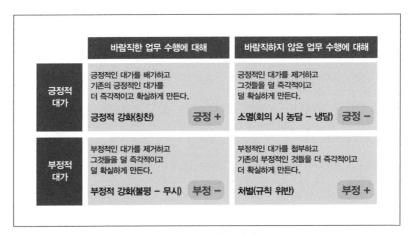

:: 그림 24. 강화의 방법

상사 김 대리, 오늘도 지각했군. 좀 일찍 출근하는 버릇을 들이는 게 어때?

김 대리 오늘 출근길에 차가 많이 밀려서 늦었습니다.

상사 좀 일찍 출발하지 그랬나.

김 대리 어제 어느 모임에 참석했다가 오늘 새벽에야 집에 들어갔거든요.

상사 오늘이 휴일도 아닌데 출근할 생각을 해서 일찍 들어갔어야지.

김 대리 제가 총무로 있는 모임이 몇 개나 되는데 그런 말씀을 하세요?

위의 대화는 이른바 'kick me'라고 불리는 심리 게임인데, 김 대리처럼 상대의 말에 계속해서 부정적인 반응을 보임으로써 대화 참여자 모두가 좋지 않은 느낌을 경험하게 하는 것을 일컫는다. 이런 반응을 보이는 부하는 무관심하게 무시함으로써 다시는 소모적이고 비생산적인 게임을 걸지 못하도록 하는 것이 좋다.

『크게 생각할수록 크게 이룬다The Magic of Thinking Big』의 저자인 데이비드 슈워츠Dacid Schwartz는 "크게 생각하는 사람은 듣기를 독점하고, 작게 생각하는 사람은 말하기를 독점한다"라고 말한 바 있다. 적극적인 경청은 상대방으로부터 주어진 정보를 단순히 받아들이는 소극적인 청취와 달리 상대방의 내부로 들어가 그의 관점으로 이야기를 이해하는 것이기 때문에 집중력과 정신적 에너지를 필요로 한다. 경청은 상대방의 말에 대해 말을 바꾸어 표현하거나 공감하면서 듣는 행동이지만 굳이 상대방이 얘기하는 특정 사안에 대한 해답을 줄 필요는 없다. 상대의 말을 들어준다는 자체에 의미가 있으며, 대부분 그 답은 본인이 이미 알고 있는 경우가 많기 때문이다. 좀 더 적극적인 경청으로는 예견적 경청이 있다. 이것은 대화를 하면서 상대가 바로 다음에 할 말을 예상해서 미리 맞장구를 쳐주는 방법인데, 상대는 이로 인해 자신의 얘기를 더욱 신나게 이어갈 수 있다.

● 질문할 때는 침묵의 시간을 허용하라

도로시 리즈Dorothy Leeds는 『질문의 7가지 힘The 7 Powers Of Questions』에서 질문이 가지는 효용에 대해 다음과 같은 일곱 가지를 들었다.

■ 질문을 하면 답이 나온다.

- 질문은 생각을 자극한다.

- 질문을 하면 정보를 얻는다.

- 질문을 하면 통제가 된다.

- 질문은 마음을 열게 한다.

- 질문은 귀를 기울이게 한다.

- 질문에 답하면 스스로 설득이 된다.

효과적으로 질문하려면 상대로부터 대화를 이끌어내는 개방적인 질문을 해야 한다. 질문의 순서도 난이도와 대상 등을 고려하여 정하는 것이 좋다. 즉, 쉬운 질문부터 시작해서 어려운 질문을 던진다거나, 말이 많은 사람보다는 평범한 사람 순으로, 전체를 대상으로 하는 질문에서 특정인을 지명한 질문 순으로, 가까운 곳에 있는 사람에서 먼 곳에 있는 사람 순으로, '예/아니오'를 묻는 질문에서 '왜'를 묻는 질문으로 전개하는 것이 바람직하다. 리더가 질문을 받을 때에는 그것에 바로 답하지 않고 다른 사람들의 의견을 묻거나 질문한 당사자에게 역으로 되묻는 방법도 적절히 활용하는 것이 좋다.

회의 시에도 리더는 주제에 대한 의견을 미리 말하지 않는 것이 바람직하다. 리더가 먼저 자신의 뜻을 밝히면 구성원들이 자유롭게 의견을 내기가 어려워지기 때문이다. 리더는 질문으로 토의를 시작하고 결론은 토의 후 생각을 정리해서 말하는 것이 좋다. 혹 팀원들의 의견을 제대로 수렴하지 못한 상태에서 일방적으로 전달해야 하는 사항들이 있다면, 전달을 마친 후 "이런 상황에 대해 여러분은 어떻게 생각합니까?"와 같은 질문을 던지는 것이 좋다. 설사 특별한 이견이 없더라도 구성원들은 리더가 자신들의 의견을 물었고, 그 사안에 대해 무언의 합의를 한 것으로 받아들이기 때문이다.

무엇보다도 질문을 할 때 기억해야 할 한 가지는 대답할 사람에게 시간을 줘야 한다는 것이다. 질문을 던져 놓고 조급한 마음에 자신이 대답까지 얘기하지 말고 잠깐 기다려주는 침묵의 시간pause를 허용해야 한다. 상대로 하여금 자신의 의견을 묻고 있다는 느낌을 갖게 하려면 이러한 시간적 여유가 반드시 필요하다. 침묵의 시간은 생각보다 매우 길게 느껴지지만 리더가 질문을 던졌다면 공은 구성원들에게 넘어가 있는 것이고, 생각에 필요한 어느 정도의 시간이 지난 다음 구성원 중 누군가가 발언을 하면 어색했던 침묵의 시간이 종결된다. 그러므로 리더가 그 시간을 기다리지 못하고 자신의 얘기를 해버리는 것은 상대에게 공을 패스했다가 다시 빼앗아버리는 것과 마찬가지라는 점을 기억해야 한다.

잘하는 일에 집중하게 해야 사기가 높아진다?

[나착각 과장의 생각]
평소에 칭찬을 많이 하고 있기 때문에 우리 팀원들의 동기 수준은 높은 편이다.
팀원들의 의견을 존중해서 자신들이 하고 싶어 하는 일을 주로 맡기고 있는데,
이렇게 해야 사기도 높아진다.

● 잘하는 일보다는 임팩트가 큰 일을 해라

조직 내의 일들은 그 업무의 중요도, 즉 사업에 미치는 임팩트와 개인의 업무 능력으로 구분해서 생각해봐야 한다. 우리가 하는 일들은 잘하면서 중요한 일, 잘하지는 못하지만 중요한 일, 잘하지만 중요하지 않은 일, 잘하지도 못하고 중요하지도 않은 일 등 크게 네 가지로 나눌 수 있다.

일반적으로 조직은 '잘하는 일'보다는 '조직 내에서 중요한 일'을 처리하는 이들의 능력을 높게 평가하기 마련이다. 따라서 잘하지도 못하

고 조직 내에서 중요하지 않은 일에 노력과 에너지를 들이는 것은 즉시 중단하고, 잘하지만 중요하지 않은 일은 재검토하여 선택 및 집중해야 한다. 잘하면서 중요한 일들은 남들과 다른 자신의 차별화된 경쟁력으로 계속 유지하고, 잘하지는 못하지만 조직 내에서 중요한 일을 위해서는 그에 맞는 능력을 개발하거나 잘하는 사람과 함께 해나가는 것, 혹은 다른 사람에게 위임하는 것이 바람직하다.

'잘하는 일'보다는 '조직 내에서 임팩트가 큰 일'에 더 큰 비중을 두어야 함을 기억하면서, 자신이 평소에 조직에서 하고 있는 업무를 위와 같은 네 가지 기준으로 평가한 뒤 새로 조정해보자. 또한 리더는 자신의 일뿐 아니라 구성원들이 어떤 일에 시간을 쓰고 있는지를 지속적으로 점검하여 자신이 이끄는 조직이 상부로부터 인정받을 수 있도록 만들어

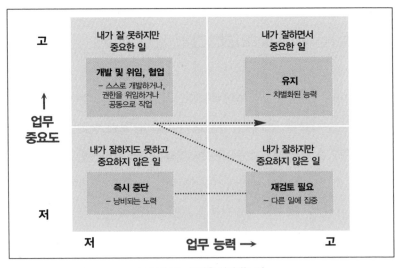

:: 그림 25. 능력을 인정받는 일

가야 한다.

● 계획보다는 마무리가 중요하다

리더는 평소에 자신은 물론 팀원들이 조직에서 하고 있는 일이 올바른지 잘못됐는지, 또 그 방법은 바람직한 것인지 아닌지를 늘 확인할 필요가 있다. 그릇된 일을 그릇된 방법으로 하는 것은 무능한 일처리에 해당하고, 그릇된 일을 올바른 방법으로 하는 것은 비효과적인 일처리에, 올바른 일을 그릇된 방법으로 하는 것은 비효율적인 일처리에 해당한다고 할 수 있다. 혹시 당신은 아침 일찍 출근해서 저녁 늦게까지 일하지만 효율과 효과 면에서는 성과가 없으면서 '열심히만' 하고 있는 것은 아닌

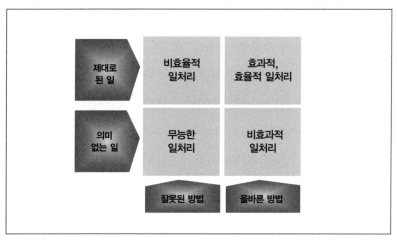

:: 그림 26. 일 잘하는 법

지 점검해보자.

일반적으로 일하는 프로세스는 PDCA, 즉 계획Plan, 실행Do, 확인 Check, 조치Act의 사이클로 표현된다. 또는 일하는 단계로 TRICK의 단계가 제시되기도 하는데, 이는 업무의 책임 영역과 과제를 구체화하고 Target, 업무 수행을 측정하며Record, 업무 수행의 바람직한 수준을 설정하고Install standards, 책임 영역이나 업무 측정 기준에 대해 대화한 뒤 Communication, 어떻게 업무를 수행했고 부서에 공헌했는지를 알려주는 것Knowledge of results이다. 하지만 중요한 것은 단순히 이 프로세스를 거치는 것 자체가 아닌, 각 단계를 확실하게 처리하는 것이다. 다시 말해서 계획은 치밀하게, 실행은 과감하게, 확인은 철저하게, 평가는 공정하게 해야 한다는 것이다.

성과를 내는 일처리를 위해서는 철저한 마무리, 즉 팔로업follow up에 신경을 써야 한다. 의료계에서는 '2차 진료', 언론계에서는 '추적 조사'의 뜻으로 쓰이기도 하는 팔로업은 '실행에 대한 결과 보고나 그 이후의 후속 조치'로, 결정을 실행한 후 일정 궤도에 도달시키고 실행 과정에서 발생하는 문제점을 지속적으로 관리하는 것을 말한다. 이런 활동이 전개되어야 실제로 성과를 내도록 궤도를 수정하거나 그다음의 새로운 활동으로 연결시킬 수 있다.

그런데 대부분의 조직에서는 이러한 팔로업이 잘 이루어지지 않고 있다. 기안과 착수만으로도 벅차서 지속적으로 팔로업을 체크하기 힘들 뿐 아니라, 상사들은 일일이 챙기지도 않고 새로운 일을 벌이는 데만 관심이 있기 때문이다. 또한 팔로업 활동은 별도로 평가받는 일도 아닌 데다가 오히려 일을 더 늘어나게 하는 것으로 여겨지기도 한다. 하지만 팔로업이 없으면 일이 성과로 마무리될 수 없기 때문에 리더들은 하나하나의 일을 완결하게 하는 관리방식을 취해야 한다.

● 구성원들의 우산과 울타리가 돼라

당신이 다음과 같은 상황에 처해 있다고 가정해보자. 어떤 일의 수습을 위한 대책회의를 세 시간 동안 가졌는데, 경영진들이 내놓은 다양한 의견 중 몇 가지가 우리 팀에 주어졌다. 일단 한다고는 했지만 사실 현재의 업무 로드가 심해서 그 일까지 받기에는 만만치 않은 상황이다. 부하 직원들은 이 일에 대해 어떤 생각을 하고, 나는 이 일에 대해 부하 직원들을 어떻게 설득할 것인가?

일이 추가될 때 부하 직원들은 일반적으로 그 일을 했을 때의 긍정적 혹은 부정적인 결과와 더불어 그 일을 하지 않았을 때의 긍정적 혹은 부정적 결과를 떠올릴 것이다. 일을 했을 때의 긍정적인 결과는 실행 후 인정받거나 설혹 실패하더라도 좋은 경험이 되었다고 생각하는 것이다. 반면 부정적 결과는 추진하던 일이 실패함으로써 자신감을 잃어버리거나, 잘 해결했을 경우에 오히려 더 많은 일이 부여되는 경우다. 그 일을 하지 않았을 때 얻을 수 있는 긍정적 결과는 핑계를 잘 만들어서 단기적으로 싫은 소리를 안 듣고 넘어가거나 더 잘 할 수 있는 다른 일에 집중하는 것이고, 부정적 결과는 그 일을 안 했다는 이유로 안 좋은 소리를 듣거나 책임감 없는 사람으로 인식되는 것 등이 있다.

리더의 입장에서는 그 일을 했을 때의 긍정적 결과 쪽으로 조직원들을 유도해야 한다. 그것을 위해서는 과감하게 일을 추진함으로써 인정받을 수 있도록 격려함과 동시에 당근을 제시해야 하고, 하지 않았을 때의 부정적 측면에 대한 생각에 빠지지 않도록 처벌과 채찍도 함께 제시해서 부정적 평가에 빠지지 않도록 하는 것이 좋다. 이 두 경우는 비교적 쉽게 실행할 수 있지만 다른 두 경우는 좀 더 계획적으로 개입해야 한다. 즉, 구성원들이 그 일을 하지 않고 당장을 모면하려고만 하는 경우에는, 장기적 관점에서 봤을 때 그 일이 당사자에게 이익이 된다는 점과 더불어 조직이란 공동의 이익을 추구해야 하는 곳이라는 점을 환기시킬 필요가 있다. 만일 구성원들이 일을 한 뒤에 올 수 있는 부정적인 결과를 우려한

	실행하기	실행하지 않기	설득 접근 방법	
긍정적 측면	◆ 실행하고 인정받기 ◆ 설혹 실패해도 좋은 경험을 얻는 기회 잡기	◆ 안 하고 핑계를 대서 단기적으로 비난을 피하기 ◆ 잘할 수 있는 다른 일에 집중하기	**보다 쉬움** 당근 제시 과감하게 추진하고 인정받기	**보다 어려움** 장기적 관점과 공동의 이익 환기
부정적 측면	◆ 그 일을 하다 실패해서 자신감 잃기 ◆ 잘한다고 더 많은 일 받기	◆ 안 하고 비난을 듣기 ◆ 전체 목표 어그러지기 ◆ 책임감 없는 사람으로 인식되기	**보다 어려움** 울타리와 우산 제공, 실패로부터 배우는 긍정적 마인드 제고	**보다 쉬움** 채찍 제시 부정적 평가에서 벗어나기

:: 그림 27. 일하도록 설득하는 법

트랩 : 조직의 발목을 잡는 32가지 착각

다면 '실패로부터도 배울 수 있다'는 긍정적인 마인드를 갖게 하고, 설사 부정적인 결과가 나오더라도 리더가 나서서 울타리나 우산 역할을 해주겠다는 것을 보여줘야 구성원들의 사기가 올라간다.

아래는 얼마 전 L기업에서 조사한 '배우고 싶은 팀장의 특징'에 대한 인터뷰 결과인데, 리더가 조직 내에서 어떤 역할을 수행해야 할지에 대해 쉽고 공감이 가도록 알려준다. 이를 바탕으로 자신이 현재 '배우고 싶은 리더'인지 한번 생각해보자.

- 한번 약속한 말은 끝까지 책임진다.
- 얘기를 끝까지 들어주고 조언을 해준다.
- 힘든 상황에서도 팀 분위기를 활기차게 이끈다.
- '무조건 하라'가 아니고 '같이 해보자'고 한다.
- 통찰력이 있어서 일을 진행할 때 방향을 잘 잡아준다.
- 구성원들 모두가 일의 주변인이 아니라는 생각이 들도록 업무 분장을 잘 해준다.
- 업무를 맡길 때 끝까지 믿고 지켜봐준다.
- 우리 조직의 역할이 무엇인지, 위에서 무엇을 원하는지 정확히 파악해서 필요한 부분에 집중하게 한다.
- 고민이 있을 때 먼저 알고 손 내밀며 같이 고민해준다.
- 구성원 모두에게 관심을 가져주고 개개인을 잘 파악하고 있다.
- 인사를 잘 받아주고 격려를 아끼지 않는다.
- 칭찬할 때는 모두 앞에서 크게 칭찬하되 잘못한 일이 있을 때는 조용히 불

러 따끔하게 충고한다.

■ 솔선수범 그 자체다. 그래서 자연스럽게 배우게 된다.

■ 목표 관리를 철저히 해준다.

■ 세대 차이를 인정하고 이해한다.

■ 일에 대해서 전문가라서 배울 것이 많다.

■ 구성원은 물론이고 다른 리더들과도 사이가 좋아 함께 일할 때면 모두 편

하게끔 잘 조율한다.

■ 어려운 일을 부여할 때는 '어려운 것을 잘 안다'고 하며 다독여준다.

쌍방향적 관리 방식이 스마트한 성과를 낼 것이다?

[나착각 과장의 생각]

과거 삐삐(Pager)와 같은 일방통행형의 소통 방식이 휴대폰이 보편화되면서 쌍방향적으로 발전했듯이, 상대의 의견을 반영해 더 나은 소통을 추구하는 양방향적인 나의 관리 방식은 스마트한 성과로 이어질 것이다.

● 휴대폰형 리더는 스마트하지 않다

'스마트'라는 단어는 '맵시 있고 깔끔한' '패션 감각이 있고 고급스러운' '영리하고 똑똑한' '활기차고 잽싼' 등의 뜻을 가지고 있다. "저 사람은 참 스마트해"라는 말은 그가 모양새도 깔끔할 뿐 아니라 하는 일도 재치 있게 처리한다는 뜻이니 당사자에겐 최고의 찬사라 할 수 있다. 상황을 현명하게 판단해 합리적으로 일을 처리하고 대인관계도 원만해 누구나 호감을 갖는 이미지라면 직장인으로서의 인정과 성과는 당연히 따라올 것이다. 팀장이 스마트하면 일하는 분위기도 유쾌해짐은 물론 다른 팀과의 소통도 원활해지기에 누구나 그 팀에서 일하고 싶어 할 것이고, 그런 점에서 스마트한 팀장은 부하들의 역할 모델이 될 수 있을 것이다.

하지만 조직에서 언제나 그렇게 생활하기란 매우 어려운 것이 사실이다. 그렇다면 스마트하게 성과를 내면서 인정받을 수 있는 방법으로는 어떤 것들이 있는지 알아보자.

목표 관리 이론에서는 스마트SMART의 철자를 각 단어로 확장시켜 바람직한 목표의 요건을 강조하기도 한다. 즉, 구체적이고Specific, 측정 가능하며Measurable, 달성 가능하고Attainable, 결과가 명시되어 있으며 Result-oriented, 시간 또한 명시되어 있어야 한다Time-based는 뜻이다. 일반적으로 사람들은 평소에 워낙 두루뭉술하게 목표를 설정하는 경향이 있는데, 단기적인 목표를 관리할 때는 위의 요건을 모두 충족시키는 것이 스마트한 성과 창출에 효과적이라는 것을 의미한다.

시장에서는 이미 스마트폰이나 스마트TV 등 '보다 똑똑한 기기'에 대한 열풍이 불고 있다. 단순한 전화 기능에서 벗어나 고객이 원하는 것을 훨씬 똑똑하게 제공할 수 있는 스마트폰에서 우리는 스마트 퍼포머란 어떠해야 하는지를 알아볼 수 있다.

미시간대학 사회연구소 소장이자 조직이론가인 렌시스 리커트Rensis Likert는 '시스템 4 이론'에서 조직 관리 시스템이 단절형→일방형→협의형→참여형 시스템으로 발전해간다고 주장했다. 휴대폰의 진화 과정도 그의 주장과 비슷한 양상을 보인다. 즉, 휴대용 소통기기가 없었던 단절형 시스템 체제에서 삐삐처럼 일방형 시스템으로, 초기 휴대폰의 협의형 시스템에서 스마트폰과 같은 참여형 시스템으로 발전해왔기 때문이다. 쌍방향형으로의 발전이 사용자들의 효용성을 높인 것처럼 리더십 역시 일방통행을 지양하고 쌍방향적으로 이루어져야 한다고 강조되어왔다. 하지만 휴대폰이 스마트폰으로 한 단계 더 발전했듯 리더십도 더욱 스마트하게 변해야 한다.

스마트폰은 내가 원하는 대로 위젯이나 바탕화면을 설정할 수 있고, 나의 불편을 해소시키는 나만의 어플리케이션을 세팅할 수 있을 뿐 아니라 즉시성, 현장성, 공시성 등을 통한 욕구 해소를 가능하게 한다. 그리고 소셜 네트워크 서비스로 연결되는 특성을 가지고 있어 기존의 인맥관리 체계에 엄청난 변화를 가져오고 있다. 스마트폰을 제대로 활용하는 것처럼 스마트 퍼포머 리더도 개인과 조직이 기본적으로 수행하는 운영 체제OS 위에 자신만의 응용 프로그램을 구성해서 적용(어플리케이션)하는 창의적인 사용자가 되어야 한다.

● 스마트 퍼포머가 돼라

스마트 퍼포머 리더가 스마트하게 일하려면 역시 스마트의 앞 글자를 힌트로 하는 행동 양식을 실행해보는 것이 좋다. 먼저 동료, 회사, 고객의 기대와 눈높이에 동기화시키는 동시화Synchronizing가 필요하다. 이는 고객의 가치를 우선시하는 것으로, 개인 차원에서는 동료와 상사, 회사와 고객의 기대를 파악해 업무추진의 전제로 반영하는 것이고, 조직 차원에서는 고객의 요구사항을 모니터링함으로써 고객의 눈높이에 맞게 조직 자원을 운용하는 것이다. 리더의 조직에서 수행하고 있는 일들이 내·외부 고객과 동기화되어 있느냐는 것이다.

그 다음은 지속적인 동기부여Motivate와 자발적인 보상을 통해 적용도를 높이는 것이다. 이는 자발적인 동기를 존중하는 것으로, 구성원들이 일하는 것 자체에서 만족감을 얻을 수 있도록 스스로 일하는 태도를 갖게 하고, 조직은 금전적 보상과 더불어 비금전적 보상을 다양화해 내재적 동기부여를 활성화시켜야 한다.

외부와의 지속적인 협력을 통해 필요한 지식과 정보를 조달하는 연계성Associate도 중요한 요소다. 파트너십을 갖고 스피디하게 상호 협력하는 스마트폰처럼, 개인은 직장 내 동료나 외부 전문가 그룹과의 협력을 통해 새로운 지식과 정보를 습득해서 업무에 활용하고, 조직은 고객과의 네트워크를 활성화해 고객가치를 높이는 활동을 강화해야 한다. 리더의 네트워킹 능력은 조직 성과와 높은 상관관계를 가지고 있다.

그 다음으로는 과거의 경험을 성찰하고, 그것이 주는 교훈을 적용시켜 새롭게 만들어가는Reform 활동이 필요하다. 개인 차원에서는 과거의 경험에서 얻은 암묵적 지식을 새로운 과제 해결에 응용하는 창의적인 지혜를 연마하고, 조직 차원에서는 기존 활동의 성공과 실패 경험을 공유해 실패가 재발하지 않도록 새로운 프로세스를 적용해 나가는 것이다. 리더라면 조직의 현상을 성찰하고 끝없이 창의적으로 변화시키는 것은 기본에 해당된다.

마지막으로는 업무의 최종 목표나 결과물을 구체화, 시각화하는 것Targeting이 필요하다. 이는 목표와 성과 지향의 관점으로 개인은 업무의

요소	의미
S ynchronizing (동시화)	동료, 회사, 고객의 기대와 눈높이에 동기화시킨다. 〈고객 지향, 고객 가치 우선〉
M otivate (동기 부여)	지속적인 동기 부여를 위해 자발적으로 보상하고 열정을 유지한다. 〈자율, 열정〉
A ssociate (연계성)	외부와의 지속적인 협력을 통해 필요한 지식과 정보를 신속하게 습득한다. 〈협력, 파트너십, 스피드〉
R eform (창의적 변화)	과거의 경험을 성찰하고, 창의적으로 교훈을 적용한다. 〈창의, 혁신〉
T argeting (목표의 구체화)	업무의 최종 목표나 결과물을 구체화하고 성과 창출을 추구한다. 〈목표, 성과 지향〉

:: 그림 28. 스마트의 의미

최종적인 결과물을 염두에 두어 기대성과를 구체화하고, 조직은 조직의 비전과 고객가치 달성의 구체적인 모습을 시각화해 구성원들과 공유하면서 그 혜택을 고객에게 전달하는 것이다.

이렇게 스마트폰의 특성에 맞게 리더십을 발휘하는 것이 스마트폰 시대에 맞는 스마트 퍼포머 리더의 모습이다. 스마트 퍼포머 리더가 되려면 그동안 잘해왔던 기존의 방법에 개인의 상상력과 조직의 상상력을 접목시키는 노력이 필요하다. 상상력은 과거의 경험과 현재의 정보, 지식을 엮어 미래를 구현하는 능력이다. 개인의 상상력이 경험과 지식의 콘텐츠를 엮는 것이라면 조직의 상상력은 개인들의 상상력을 조직 상황의 맥락과 연결시키는 것이라고 할 수 있다. 개인 차원에서는 창의적이고 유연한 마인드를 갖고, 조직 차원에서는 효율적으로 적용할 수 있는

소프트웨어, 하드웨어, 휴먼웨어를 계속 개발해가는 것이 스마트 퍼포 머 리더가 되는 가장 효과적인 방법일 것이다.

훌륭한 리더십의 예를 벤치마킹해야 한다?

[나착각 과장의 생각]
나는 리더십에 관한 내 얘기보다 다양한 사례를 알려줌으로써 팀원들이
리더십에 대한 종합적인 관점을 갖도록 한다. 사례들을 듣고 자기만의 리더십을
만들어가는 것은 그들 자신의 몫이다.

● 나만의 리더십 스토리를 완성해라

현재 우리의 리더십 행동에는 과거 귀감이 되었던 분의 가르침이나
특성이 투영되기 마련이다. 그러나 보다 나은 리더가 되려면 그동안 배
우고 느꼈던 리더십에 대한 고민들을 종합, 나만의 리더십 스토리를 완
성해야 한다. 남들의 리더십 스토리를 백 번 전달하는 것보다 나의 리더
십 스토리를 완성해가는 것이 리더십의 확립에 있어서는 훨씬 더 중요하
다. 다른 이들의 이야기는 내 경우와 같을 수도 없고, 나의 생생한 경험
이 접목되지 않은 것이기에 파괴력이 약할 수밖에 없다. 지금 직면하고

있는 요구들, 현재 리더십 강점과 개발해야 할 필요점들, 개인적 성격이나 선호사항, 리더십의 원칙, 과거 리더십의 성공과 실패, 리더십을 형성하게 된 결정적인 계기들, 리더로서 취할 미래의 행동들을 고려해서 나만의 리더십 스토리를 만들어보자.

내 리더십 스토리가 완성되고 나면 리더십의 원칙과 그 배경을 다른 사람들에게 전달할 수 있어야 한다. 위대한 리더들은 다른 사람들에게 자신의 리더십 관점에 대해서 쉽고 명쾌하게 설명해오지 않았던가.

만일 리더십에 대해 당신이 어떤 견해를 갖고 있는지 후배 신임 매니저가 당신을 인터뷰하고 있다고 상상해보자. 조직 내에서 능력이 뛰어난 사람으로 인정받는 이 후배 신임 매니저는 나를 역할 모델로 생각하고 있다. 이 경우 다음과 같은 그의 질문에 나는 어떻게 대답하겠는가?

- 리더로서 당신에게 가장 큰 영향을 주었던 것은 무엇입니까?
- 당신이 생각하는 리더십 발휘 방법(사업, 조직, 구성원을 이끌어가는 원칙이나 아이디어)에 대해서 말씀해주십시오.
- 제가 어떻게 하면 뛰어난 리더가 될 수 있을지 조언해주십시오.

나만의 리더십 스토리를 완성한 후에는 그것을 실행하는 '동사형 인간'이 되어야 한다. 『동사형 인간』이라는 책에서는 '성과가 좋지 않은 조직은 공연한 구호나 슬로건으로 현상을 숨기려 하지만 동사형 인간은 말보다 실천이 앞서는 사람들로 문제를 풀어내고 반드시 목표를 달성해낸다'고 말하고 있다. 동사형으로 실행계획을 세울 때는 직접적인 행동이나 작업을 실천할 수 있는 형태로 작성하되, 시간과 공간을 구체적으로 쪼개어 평가가 가능하도록 해야 하며 자신이 실행의 주체가 되어야 한다.

『이기는 사람은 언어선택이 다르다』는 책에서는 우리들이 자주 쓰는 '최선'이라는 표현에 대해서 다른 관점에서 얘기하고 있다.

나는 최선이란 말을 싫어한다. 싫어하는 게 아니라 혐오한다. 중요한 것은 '결과'이다. 수백 명의 승자들에게서 들은 것도 '최선'이 아닌 '결과'였다. 승자들이 싫어하는 단어는 '최선'이다. '최선'이란 단어에는 아마추어 냄새가 풀풀 나기 때문이다. 뜻대로 되지 않았을 때 숨어버릴 수 있는 핑계거리가 바로 최선이라는 얘기다. 승자들은 최선이란 말 대신 '결과'라는 단어를 좋아한다. 그들에게는 말이 필요 없다. '결과'로서 말하고 평가할 뿐이다. 믿는 것도 결과이지 과정이 아니다. 결과는 거짓말을 하지 않지만 과정은 거짓, 태만과 연결될 수 있다. 그들은 기대되는 결과를 얻는 데 모든 초점을 맞춘다. 그들은 미친 듯이 목표를 향해 달려간다. 책임과 결과는 같은 등급의 단어다. 승자들은 책임을 지고, 패자들은 책임을 지지 않는다. 당신이 해야 할 작은 일부터 책임을 져라. 그리고 점점 책임의 한계를 넓혀라. 그러면 당신은 어느 순간 분명히 승자가 돼 있을 것이다. 결과는 승자의 용어요, 최선은 패자의 용어이다.

자신만의 리더십 원칙을 완성할 때는 그동안 경험적으로 터득한 '이기는 리더'로서의 지혜들을 그 안에 녹여내야 할 뿐 아니라 리더십에 관한 세상의 속설에 대항할 수 있는 방어력까지 갖추어야 한다. 그리고 과거 착각의 트랩에 빠져 허덕였던 경험들이 반드시 반영되어 후배들의 이정표가 될 수 있도록 해야 할 것이다.

그렇지만 현재 설정한 리더십의 원칙들을 절대적인 것으로 고수해서는 안 된다. 세상과 조직은 늘 움직이고 있으므로 더 나은 최적의 리더십 솔루션들이 들어설 여지를 남겨두어야 하기 때문이다. 더불어 착각을 벗어날 수 있는 유연성과 낙천성, 리더로서의 열정 또한 잃지 않도록 해야 한다.

● 실행의 방정식을 가동시켜라

우리의 사고와 행동은 뇌에 길을 만든다고 한다. 어떤 자극이 왔을 때 이를 수용하면 지식의 변화가 일어나고, 그 지식을 바탕으로 연습을 거치면 기능이 향상되며, 그것을 현실에 적용하다보면 태도가 바뀐다. 그리고 이 태도를 반복하는 과정을 통해 습관이 형성된다. 따라서 리더십 스토리와 동사형 실행계획을 통해 새로운 습관의 길이 만들어지기 시작하면 나만의 리더십도 자연스럽게 형성될 것이다. 그러면 이제 조직에서 그 리더십을 어떻게 실행할 것인가에 대해 구체적으로 생각해보자.

아인슈타인의 상대성 이론은 $E = mc^2$이다. 이를 실행 방정식으로 전환시켜보면, 실행Execution은 변화가 가능한 집단의 수Critical Mass와 확보해야 할 역량Competency 및 몰입Commitment의 방정식으로 표현할

트랩 : 조직의 발목을 잡는 32가지 착각

수 있다. 즉, 제대로 된 조직 차원의 실행이 일어나려면 변화의 임계치를 넘어서는 일정 규모 이상의 집단을 확보하고 개인과 조직의 역량을 개발해서 몰입과 헌신을 이끌어내야 한다는 것이다.

조직의 실행을 자동화시키는 것은 리더의 책무다. 리더는 그를 위한 방정식을 제대로 작동시킴과 동시에 세상의 속설에 현혹되어 착각의 리더십을 행사하는 것에서 벗어나야 한다. 그래야만 최상의 성과를 향한 리더십의 경쾌한 행진을 시작할 수 있을 것이다.

에필로그 울림과 향기를 가진 리더가 돼라

리더십은 보는 방향에 따라 다른 결과 향을 지니고 있고, 백 퍼센트 정답
도 오답도 없으니 사람과 상황에 맞춰 행사하기가 쉽지 않다. 그리고 모
든 조직은 소수의 리더가 지배하고, 리더의 그릇만큼 그 조직이 성장한
다고 하니 리더가 느끼는 중압감이나 고독은 숙명적인 것인지도 모른다.

　조직을 이끄는 리더들은 늘 눈에 잘 띌 수밖에 없다. 하지만 리더십
은 아무 소리도 내지 않는다. 그래서 누군가는 리더십을 '말이 아닌 행
동으로 표현해야 하는 종합 예술'이라고 했는지도 모른다. 내가 존경하
는 리더는 어떤 사람들이었는지 생각해보면 그중에는 총명하고 사리가
분명한 분, 주도적이고 진취적인 분, 에너지에 넘치고 열정적인 분, 겸
손하고 깊이 있는 분도 있다. 하지만 개인적인 스타일이 어떠하든 그분
들은 모두 자신의 리더십을 발휘해서 원하는 성과를 얻었고, 그 과정에
서 가슴 떨리는 울림을 다른 사람들에게 전달해줬다는 공통점이 있었던
것 같다. 존경받는 리더십의 향기와 감동은 지금도 모든 리더들이 지향
하는 가치다.

　지금도 많은 리더들로 하여금 답을 못 찾고 헤매게 하는 착각의 트랩!
그 뿌리나 갈래가 얼마나 깊고 넓은지, 또 얼마나 자주 그리고 쉽게 리더

들을 유혹하고 있는지는 굳이 설명할 필요도 없다. 하지만 조직에서 직위와 급여를 제공받는다는 이유로 끊임없이 능력을 시험받고 있는 많은 리더들에게 있어 자신이 착각의 리더십에 빠져 있는지 아닌지의 여부는 매우 중요하다. 이 책에서 언급한 리더십의 각 항목들은 논란의 대상이 될 수도 있겠지만 리더십을 행사할 때 중요한 판단 기준이 될 것이다. 물론 절대적인 리더의 기준과 해당 조직에서 원하는 리더의 기준은 전혀 다를 수도 있다. 하지만 모든 정황으로 볼 때 현실적인 나만의 리더십 확립이 중요하다는 것은 분명하다.

이 시대, 대한민국의 리더들은 전례 없는 도전과 난관에 직면해 있다. 환경은 급변하고 조직의 요구는 많아지는 반면 개인적인 자존감은 점점 취약해지고 있기 때문이다. 가정에서는 가장, 부모, 자식, 배우자의 입장에 있고 직장에서는 상사, 부하, 동료의 입장에 있다. 친구, 친척, 친지로서의 역할뿐 아니라 사회적 활동도 점점 더 많아지고 있다. 게다가 평균 수명은 지속적으로 늘어나고 있고 주위에 잘나가는 아친남(아내 친구 남편), 남친아(남편 친구 아내)들이 즐비하다. 우리는 조직 내에서의 리더십뿐 아니라 접하고 있는 모든 대상들과의 관계에서도 슈퍼맨과 같은 리더십을 요구받고 있다.

자, 그렇다면 지금부터 착각의 트랩을 뛰어넘어 통찰의 리더십을 발휘하는 스마트 리더가 되어보자. 먼저 전략적 리더십을 확립하자. 창의적이고 자율적인 팀을 만들기 위해 조직의 이념 체계를 세팅하고, 거칠더라도 구성원들이 공유할 수 있는 용어로 비전을 만들어 그것에 미래를 향한 열망을 불어넣자. 형식에 얽매이지 않은 신선한 전략을 세우되 실행에 전력할 수 있도록 핵심 성과지표를 반드시 설정한다. 목표를 제대로 공유하여 신비스러운 팀 몰입이 일어나도록 하고, 지금의 시련을 내 리더십 성장에 필요한 귀한 선물로 생각하자. 그와 동시에 경영과 리더십의 허상들을 하나하나 격파해나가자.

더불어 혁신 리더, 핵심 인재가 되기 위해 노력하자. 큰 혁신보다는 작은 개선, 작은 개선보다는 더 작은 모방부터 시작하자. 인격적 내공의 근간이 되는 가치관과 자존심을 점검하고 일상 활동의 패턴부터 바꾸어보자. 변화는 자신의 행복을 위한 일이라는 점을 구성원들에게 인식시키고, 월급에 연연하기보다는 성과로 보여주는 프로페셔널이 되어보자. 교묘한 저항에 부딪히면 함께 참여시키고 지겨울 정도로 소통해보자. 자기 주도적 목표와 효능감, 자기 통제에 입각한 성찰을 통해 몰입의 기본을 다진 후 주도적인 혁신을 추진하자.

신뢰받는 열정의 리더십을 발휘하자. 사람은 모두 다르고 누구나 자신의 이익을 위해 영합할 수 있다는 사실을 인정하자. 상호 신뢰를 쌓기 위해 공감성과 유연성을 반드시 표현해보자. 자신과 부하들의 강약점과 스타일을 알고 강점의 함정에 빠지지 않도록 유의하자. 진심 어린 사과도 신뢰 전략으로 구사하고, 적절한 꾸짖음과 칭찬을 활용한다. 갈등엔 정면으로 대응해 갈등의 이점을 활용하면서, 아슬아슬한 윤리 경영의 줄타기에 의한 희생양이 되지 않도록 경계한다. 직원들이 출근하고 싶어 안달하는 조직의 모습은 리더가 만들어간다는 사실을 항상 염두에 두고 실천하자.

가치 있는 성과가 도출되도록 결단하고 결행하는 리더가 되자. 효율을

트랩 : 조직의 발목을 잡는 32가지 착각

추구할 때는 눈에 보이지 않는 비용까지도 줄여 획기적인 성과 향상을 모색하고, 고객의 요구와 조직의 의지 사이에서 균형감을 잃지 않으며, 고객이 날마다 우리 제품에 절하게 하는 감동적인 서비스를 기획하자. 성과에 초점을 맞춘 리더십 커뮤니케이션을 구사하고 카리스마적 전제형 리더십을 강화시킨다. 상사와 부하 관리에는 개별적, 정치적 전술을 활용하고, 일상적으로 코칭하고 구성원들에게 권한을 위임하면서 각자의 욕구에 맞게 동기를 부여해보자. 잘 하는 일보다는 임팩트가 큰 일에 집중하도록 하고 부하들의 우산이나 울타리가 되어주자. 그리고 그동안 보고 느낀 리더십의 정수들을 모아 나만의 리더십 메시지를 완성하고 전파해나가자.

강의를 통해 경험적으로 정리한 이러한 메시지들이 보편타당한 진실로 인정받으려면 많은 이들의 의견 개진과 피드백 과정이 필요할 것이다. 그런 과정을 통해 실체가 명확해지거나 내용이 보완되면 좀 더 현실적인 새로운 리더십이 완성될 수 있다. 필자는 앞으로도 많은 리더들과 교류하면서 성공 가능성을 높이기 위해 좀 더 정교하게 다듬는 작업을 계속할 계획이다. 이 책을 읽은 모든 리더들이 착각의 트랩에서 벗어나 올바른 리더십을 멋지게 발휘하기를 진심으로 기원한다.

트랩

조직의 발목을 잡는 32가지 착각

ⓒ 강재성 2011

1 판 1 쇄	2011년 4월 20일
1 판 2 쇄	2015년 7월 7일

지 은 이	강재성
펴 낸 이	김승욱
기 획	장윤정
편 집	장윤정 김민영
디 자 인	이경란 손현주
마 케 팅	방미연 이지현 함유지
펴 낸 곳	이콘출판(주)
출 판 등 록	2003년 3월 12일 제406-2003-059호

주 소	413-120 경기도 파주시 회동길 216
전 자 우 편	book@econbook.com
전 화	031-955-7979
팩 스	031-955-8855

ISBN 978-89-90831-94-1 03320